塾講師が本音で語る 中学受験はしない という選択

Takarabe Sin'ichi

財部 真一

最初に言わせてください。この本は、「中学受験」を批判、否定するものではありません。また、ほとんどの中学受験合格後に進学する、中高一貫校の存在についても、それを賛美してお勧めしているわけでも、否定して行かないほうが良いということをお伝えする本でもありません。

本書が目指すところは、中学受験を考える親のみなさんに、一貫校への進学が、あなたのお子さんにとって本当にプラスになるのかならないのか？ その判断を正確に行える判断材料を提供することにあります。

地元の一般公立中学へ進学、高校受験という進路と中学受験中高一貫校の６年という進路、それぞれのメリット・デメリットを比較、それぞれの現状を親の方々に正しく理解していただくことで、お子さんの取り返しの利かない６年間を、後悔のない６年間にするための判断材料としていただくことを目指しております。

2023年現在、首都圏では過去最高の中学受験ブームの真っ只中です。全国に目を向けても、受験率にこそ差はあれ「中学受験」「中高一貫校」へ進むかどうかは、小学生の子を持つ親にとって大きなテーマであり関心事になっています。 毎日のように各メ

ディアには「中学受験」の文字が踊り、テレビでは時期が来ると中学受験特集が組まれ、著名人の子どもたちが毎年のように登場し、家族がテスト結果に一喜一憂する様子が映し出されます。視聴率がとれるからこそ、そのような特集が組まれるのであって、全国的な関心の高さを表しています。

　私は、とある街で個別指導塾を経営、小学生から大学受験生、学力が低い子たちから高い子たちまで、年間約100人の生徒を20年以上にわたり指導してきました。最近は、かつてなく、中学受験を子どもに受けさせることは、教育熱心な親の「既定路線」という雰囲気を保護者からひしひしと感じます。そして、また同時に、成績優秀で子育てに成功、経済力がある家庭は「受験は当たり前の選択」で、受験しない子は、経済的な理由か、親の一風変わった教育方針か、勉強が得意でないといった「受験しない理由が必要」な雰囲気にまでなりつつあるのを感じます。

　毎日現場に立つ私は、ここ10年来のこのような雰囲気の高まりに大きな違和感、そして危機感を覚えています。危機感というのは、子どもたちの将来への心配です。なぜなら、世のほとんどのお父さんお母さんは現場の実情をあまりご存じありません。テレビやメディアの影響が大きいからなのですが、どうしても親た

ちは「受験勝ち組」の話を鵜呑みにしてしまいがちです。

　みなさん、自分の子に中学受験を受けさせるべきかどうかの判断はどのようにされていますでしょうか？　どのような受験情報を元にそう判断されましたか？

　毎日のように子どもたちの親と話す私は、その親の方々が持っている、メディアやうわさの類からの情報、受験イメージの間違いの多さに驚かされています。そして、そのような間違った情報をもとに、お子さんの中学受験について判断し、学習塾に多額の投資をし、子どもたちを「勉強漬け」にしている親たちがあまりにも多いことに危機感を感じます。

　本書では、過熱する中学受験のあまり知られていないデメリットを、塾講師の視点で、できるだけ丁寧に真実をお伝えすることに努めています。そして、中学受験の過熱に応じてその立ち位置が低下してる一般の地元公立中学のデメリットと、親の方々にぜひ知ってもらいたいメリットもお伝えします。

　この真実で、本音の情報を知った親たちが、中学受験をすることが本当にお子さんにとってベストな選択なのか、もう一度考えるきっかけにしてもらえれば幸いです。

　子どもたちはもちろん、親のみなさんも、将来、笑顔になる後

悔のない判断をしてもらいたい！ それがこの本に込められた思いです。

　また、本書の内容の一部は、下名が運営する YouTube チャンネル（誰も言えない本音を言う塾講師）でも公開しております。本書内容の補完や、さらに詳しく動画での説明をご覧になりたい方は、本書と一緒にご覧いただけると嬉しいです。

もくじ

第七章　中学受験をしないことで広がる世界

第一章

「変」過ぎる
中学受験の実体

中高一貫校の「本当の目的」とは

　現在、国立大学附属中学校への中学受験を除く、ほとんどの中学受験が意味するところは中高一貫校への進学です。この中高一貫制度、正式に認められたのはわずか20年ちょっと前です。私たち親世代が中学生だったころ、中高一貫校は一般的ではありませんでした。ところが、制度が始まった1999年から一気に数が増え続け、現在では、完全型・併設型・私立・公立すべて合わせると、全国で600校（すごい！）を超えています（2022年時点）。

　当たり前ですが、中学受験を目指すほぼすべての子どもたちは、この中高一貫校への入学を希望しているわけです。合格すれば、高校受験がないため、6年間を同じ学校へ通います。

　そして親たちは、この高校受験がない中高一貫校へ強い「憧れ」や高い「教育的付加価値」を感じ、子どもたちを高額な学習塾に通わせ、家庭全体で受験競争に身を投じ、第一志望合格に全力を尽くす小学4年〜6年の3年間を選択するのです。ちなみにこの中学受験を選択した人たちのなかで、第一志望に進学できる子どもたちの割合は約3割と言われています。その他7割の人たちは第二志望以下の学校に進学するか、それとも地元の公立中学校に進学するという狭き門です。

　では、なぜ、「母親の狂気」（中学受験マンガ『二月の勝者』より）とまで言われるほど、親たちは時間やお金をこの中学受験に

投資し、必死で我が子のために中学受験に没頭していくのでしょうか？ それほど、中高一貫校は魅力があり価値あるものなのでしょうか？

　ここで、文科省のホームページにある中高一貫教育の目的についての記述を少し見てみましょう。

　中学校と高等学校の 6 年間を接続し、6 年間の学校生活の中で計画的・継続的な教育課程を展開することにより、生徒の個性や創造性を伸ばすことを目的として、中高一貫教育制度が平成 11 年度（1999 年）から選択的に導入されました。

　相変わらず堅いですねえ。わかりました。中高一貫教育により、「個性や創造性」が伸びるというわけですね。それだけで、これだけ中学受験が過熱するのでしょうか？ 本書をお読みのほとんどの方は、それが本当の目的でないことは容易に想像がつきますよね。

　この一貫制が導入された当時の教育界・塾業界の雰囲気も、全く「個性や創造性」を伸ばすための制度とは感じていなかったのを記憶しています。

　私は、平成 11 年のその以前、大学生塾講師としてアルバイトをしておりました。その数年後から塾経営を始めるわけですが、その頃、地元の公立高校が突如中高一貫校に変わり、中学受験（正確には適性検査）が始まります。そのとき、周りの塾講師たちと

一緒にはっきりこう感じたのを覚えています。

日本版の「飛び級制度」だ！

　当時、大学進学を目指す高校普通科１年生に大きな負担がかかっているということが、教育界では問題視されていました。数英国を中心に、必要な知識量が高１になり突然劇的に増え、子どもたちが戸惑うという中１の壁ならぬ「高１の壁」が存在していました（今でもありますが）。特に国が力を入れたい理系学生は、進学のために数Ⅲ数Ｃ（当時はＣがあった）化学物理の勉強量が文系よりも多く必要で、公立高校では高３の秋になっても受験に必要な単元までの授業が終わらない、秋深くにそれが終わって難関大レベルの問題を演習する時間がない！　ということが、偏差値上位進学校でさえも当たり前のような状況でした。そのため、難関大学理系学部を目指す生徒を中心に、現役合格は無理、浪人は当たり前のような雰囲気が進学校にはありました。予備校ビジネスの最盛期の頃です。

　そうです。中高一貫校は、これらの問題を是正するために生まれたのです。

　優秀な子どもたちにとって、中学での勉強内容・知識量は簡単で少なすぎます。もちろん、難しい問題は作れますが、１，２年内容の復習を繰り返し、基礎知識をこねくり回した難問を解きながら高校受験勉強に多くの時間を割くよりも、知識量が膨大に必要な大学受験勉強に早くから取り組むほうが子どもたちのために

なる。つまり、中学の勉強が簡単すぎると感じるような、将来東大を中心とした難関大学を目指すような素質がある子どもたちに

「早期に、高等教育をすることで学力を上げよう。」

　文科省の建前は別として、本音はこれだろうと、当時の教育界、塾業界も理解していたと思います。まさに、学年を飛び越えて進む「飛び級」のような制度なのです。

　現在でも、中高一貫校のメリットの最大部分は「大学受験勉強を進めやすい、有利だ」ということにあります。親たちはこの「前倒し教育」に魅力を感じています。一般公立中学に進学した生徒は、中３時に高校受験のため１年からの復習をしなければなりません。そこに多くの時間と労力を割きます。そのとき、一貫校の中３生は楽しい部活に時間を割け、学校の授業では一足早く高校内容の授業をしてくれる。それは、魅力的に感じて当たり前です。

　まあしかし、その目的通り、そう上手くはいかないのが世の中の常です。「どう上手くいかないのか？」この部分の情報が世の中には足りていない、知らない親が多いと私は思うのですが、このことは第二章で詳述致します。

　また、現在では、この大学受験目的以外にも一貫校にメリットを感じる方が多くいます。

「高校受験がないそのこと自体に魅力を感じる」

「部活動を６年間継続してやりたい」

「附属校に通いエスカレーター式で大学に上がりたい」

などなど。そういった意味では、受験目的が多様化し、文科省の言う「個性や創造性」を育てるという目的にも近づいているようにも見えます。

　その結果、義務教育なので、地元の誰でも自動的に進学できる一般公立中学の「地位」は、相対的に下がっています。私立中学が多い地域で競争が激しい地域ほど、イメージが悪くなっており、中にはレベルが低い公立中学が嫌だからという理由を第一に、中学受験を選択する人もいます。そんな状況になっている地域も多いようです。このことについても情報不足の側面があると思いますので、後の章で誤解を解きたいと思いますが、この「一貫校は、大学受験に有利！ 一般の公立中は不利だ！」という事実？ が、母親（父親）を「狂気」に走らせていることはどうやら間違いなさそうです。

　このことを、日本の教育制度を司る国は、いったいどう思っているのでしょうか？

公立中高一貫校「適性検査」の不思議

「私立中高一貫校に通いたいが近くにない」

「我が家では私立に進学させるお金がない」

「これでは教育の不平等だ」

「都市部だけが教育に有利だ」

などの声を抑えるわけではないとは思いますが、中高一貫制度が採用されて以来、全国に公立の中高一貫校も一気に誕生していきました。現在では全国に135校、いわゆる田舎の人口が少ない県や地域にもあります。茨城県では13校もの公立中高一貫校があるそうです（2021年時点）。

　しかし、当然、希望した人全員がそこに進学できるわけではありません。「入学のための学力試験があります」と言いたいところですが、実は学力試験はありません。「適性検査」があるだけです。というわけで、公立中高一貫校を志望する人は、中学受験をすると言わず「受検」をすると言います。

「しょうもな！」と思わないでください（笑）。

　学校教育法では、受験競争の低年齢化を防ぐ目的で、公立中学校の入学者選抜で学力試験を行わないことが定められています。そのため、公立校で入学者選抜を行う場合は、学校の内申点に加え、公平性を期すため生徒の適性を判断する方法として「適性検

査」を志望者に課すことになったようです。

　その目的は、
「受験（受検）勉強をしなくても適性がある子どもであれば入学することができる」
「家庭の経済格差の影響が出てしまう学習塾は必要がない」
「受験（受検）競争を過熱させない」
ということにあります。

　だから、適性検査の問題はとても特殊に見えます。暗記する類の勉強では対策にならないような、読解や記述部分を多く含んだ問題になっています。

　しかし、各都道府県の過去問を見ればすぐにわかります。適性検査の問題は難問です。確かに、私立の中学受験とは違い、公立小学校の学習範囲内知識で問題を解くことは可能ですが、難問も多く、難易度でいうと私立より難しいという人もいるでしょう。そのため都市部を中心とした競争率が高い難関校を目指す場合は、ほとんどの子どもたちが、私立中学受験と同じように早くから塾に通い、過去問と同じような問題をたくさん解く「受検」対策を行います。

　文科省が制度設立当初に掲げた、「偏差値による学校間格差を助長することのないように、そして受験競争の低年齢化を招くことのないように配慮する」との方針は、全く実現できていないのが現実です。しかも、同じ公立中高一貫校でも実績や立地条件などの理由で人気がない学校もあり、同じ都道府県内、通学可能範

囲にある学校でしっかり偏差値による序列ができている始末です。

　こうなれば結局、私立も公立も同じです。当然、公立は私立に比べお金がかかりませんので、その分競争率も高くなり、優秀な子どもたちがたくさん受検します。私立と併願する場合もよく見られ、私立側は優秀な生徒を公立側にとられています。少子化も重なり経営危機に直面しているところさえあるのです。文科省の意図が外れたのか、それとも意図したのか、公立中高一貫校の存在は、中学受験をますます過熱させています。わざわざ、「適性検査」を採用した目的と、現実は逆行しているという摩訶不思議な状況なのです。

国立大学医学部生でも解けない中学受験問題

「つるかめ算」

「旅人（たびびと）算」

　これくらいの言葉は中学受験の経験のない我々親世代の方でも耳にしたことがあるでしょう。「〇〇算」という名前は、単純に＋－×÷の四則を当てはめては解けない文章題で、図や表を駆使して問題をイメージ化し、それを利用して問題を解く、その算数テクニックの名前でありパターンを指します。今は、これらの計算方法が一般の公立小学校の教科書にも紹介され、子どもたちの宿題にまで登場したりします。ゆとり教育が終わり、時代も変わりつつあるなと思いますが、この二つは、中学受験算数の特殊さを表すほんの一例にすぎません。次を見てください。

　植木算・周期算・集合算・和差算・差分け算・つるかめ算・差集め算・過不足算・平均算・消去算・年齢算・分配算・倍数算・相当算・損益算・濃度算・仕事算・のべ算・ニュートン算・旅人算・通過算・流水算・時計算

　名前が付いている計算方法だけでこれだけあり、それぞれに独特の基本パターンがあります。そして、その基本パターンを複雑化したり、複数を組み合わせたりして解く応用問題があります。

この応用問題は方程式で立式するのさえ難しく、このパターン群を頭に入れて、しっかり使いこなせてなんとかなるような難問たちです。

　しかも、算数はこれだけではありません。図形問題、規則性の問題（ほぼ高校で習う数列）、整数問題にも、解き方のパターンを暗記して使いこなさなければ解けない超難問たちが待ち受けています。はっきり言って、自分が子どものときに、この中学受験がなくて良かったなと思います。偏差値上位校に受かろうと思えば、質的にも量的にも子どもたちは遊んでいる暇はありません。志望校合格のために、これらのテクニックを習得する訓練を日々積み重ねるのです。

　私が経営する塾には大学生のアルバイト講師がたくさんいます。その中には中学受験を経験し国立大学医学科に在籍する学生が複数います。国立大学医学科と言えば各進学校でも学年トップレベルにいた生徒たちです。その講師たちの中には、「中学受験のときが一番勉強した。大学受験のときよりも」という人が少なからずいます。一方、中学受験の経験がない公立畑で進学してきた医学科の学生講師は、この中学受験の問題を見て驚愕します。「この問題、どうやって解くのですか？　全くわかりません。」

　そうです。偏差値70近くをとる大学生でも、中学受験は経験がないと解けないのです。

　これ、何かおかしくありませんか？　そう感じるのは私だけでしょうか。国理社でも細かく、大学受験でも出ないような知識が

問われる中学受験ですが、算数に至ってはほぼ「特殊技能」と言ってもいいほどの問題なのです。

　このように、中学受験では、「大学受験に対して意味があまり感じられない」ことを、10歳から12歳の子どもたちが、さんざん「やらされいてる」という現実があるのです。

　なぜ？　こんな状況に？

　そう、思われる方も多いでしょう。その理由は、優秀な子どもたちの「青田買い」です。入試問題を作成する学校側は、できるだけ「勉強の素質」がある子を見極め、素質がありそうな子に入学してもらいたいのです。そのためには、暗記などの努力量さえあれば合格できるような問題だけでは、素質の見極めができません。読解力や勉強センスに優れた子を選別するために難問が必要ということになるのです。そして、小学生が学習できる範囲での難問となると、どうしても知識が細かく問われ、算数範囲では特殊にならざるを得ないのです。

　中高一貫校が喉から手が出るほど欲しいのは大学進学実績です。有名校は、東大京大合格者の人数を増やすため、自身の学校ブランドを高めるため、できるだけ多くの「天才」たちに入学してもらいたい、「素質があり努力もできる、そして親も協力的」な子どもたちに入学してもらいたい、そう思っています。その結果、必然的に、偏差値の高い有名校ほどふるいの目を細かくして子どもたちを選別する必要があり、難問が増えていくのです。

　でも、「公立中高一貫校はそこまで大学進学実績にこだわらな

いのでは？」と思われる方もいるかもしれません。

　いいえ、そんなことはないのです。

　私が塾で、公立中高一貫校の生徒を毎日指導していて感じることは、文科省の言う「個性や創造性」に力を入れている姿ではなく、学校間、高校入試がある公立高校や私立中高一貫校に対しての明らかなライバル意識です。学校の先生たちは、生徒に大学実績を上げるよう毎日発破をかけています。特に公立中高一貫校では国公立大学合格者数、共通テスト受験者数の確保に必死です。学校の親玉であるそれぞれの教育委員会も、都道府県間の競争に晒され、東大合格者数に代表される実績が欲しいのです。

　生徒や親たちの話を聞いていると、それが手にとるようにわかります。したがって、公立中高一貫校も大学入学実績を上げてくれそうな子どもたちに入学してもらいたいため、「適性検査」という名のもとに、できるだけ優秀な生徒に入学してもらおうと、検査問題は難問だらけなのです。

スタート年齢 10 歳の子どもたちの現実

　このように中学受験は、毎日のように学習塾に通って対策をし、大人が解けない難問に挑戦し、解けるようにならなければ第一志望に合格できない厳しい戦いです。そして、この中学受験は、私立も公立対策も小学 4 年生にスタートさせることが一般的です。

　通常、親たちが中学受験に我が子を挑戦させようと思ったとき、小学 3 年生の冬に資料を集め、塾の説明会を受け、小 4 からそれぞれの塾のカリキュラムを受けて受験に備えます。つまり、小学 3 年生の終わりまでには、受験するかしないかの判断が必要になってくるわけです。

　当然、子どもたち自身でその判断ができる年齢ではありません。まだ、やっと一人で近くのスーパーに買い物に行けるか行けないかの年齢です。したがって、受験をするかしないかの判断は、ほとんどの家庭が子どもの意志ではなく、親の判断ということになります。

　よく、小学 5 年生、6 年生の受験生を持つ親が、「受験は子どもの意志です」と言っているのを聞きますが、それは、結果的に親のバイアス（親が受けてほしそうだから）、周囲のバイアス（友達が受けるから）、塾のバイアス（気がつけば受験塾に通わされていた）が大きくかかっているからであって、本人が本当に受けたかったかどうかは怪しい場合も多いです。つまり、高校受験や

大学受験と違い、中学受験は「親主導」の受験ということになります。

　ここが、中学受験は他の受験と大きく違うところです。

　どうしても、親が主導して受験を行うため、子どもが思う通りにならず、親は大きなストレスを溜めがちになります。高校受験や大学受験の場合、子どもたち自身が精神的にしっかりとしてきていますので、自分の希望ややりたいこと、向き不向きを自分で判断し、志望校を主体的に決め、学習計画も自分でたてることができる子がたくさんいます。しかし、中学受験では、それらのほとんどを親と塾が主導で行います。小6になれば自立する子もいますが、それでも少数派で、小4ではまず見かけません。

　そのため、子どもの向き不向きと親の希望や選択との間に折り合いがつかず、衝突が起こってしまいます（親からの一方的な叱責になることが多いですが）。そして、ストレスから精神的に取り返しのつかない傷を子どもが負ってしまったり、家庭にひびが入ってしまったり、悲劇を起こしてしまうことがあります。

　また、中学受験は、低年齢の受験のため、不合格になってしまった場合の子どもたちのショックも、大人たちが想像する以上に大きいものです。それが、受かる可能性が低いと周りから言われて、不合格覚悟で受けた第一志望の学校でもです。12歳の子に、受験の心理的負担は大きく、受験を失敗した場合は周りのフォローが必ず必要です。頑張った子ほどショックを受けている姿を私は何人となく見てきました。もちろん、その後は立ち直って元気に

進学できる学校へ行きますが、本当の心の内はどうなのでしょう。「自己肯定感」という視点ではプラスになるとは思えないです。大学受験後にその子たちに話を聞くと、「あのときはつらかった」という子がほとんどです。

　中学受験には、このような、他の受験にはないリスクがあります。これらを踏まえ、親は子どもの適性をよく見て、中学受験の決断をしていかなければなりません。

母親の『狂気』と父親の『経済力』が本当に意味するところとは

　先に少し触れた、マンガ『二月の勝者』(高瀬志帆　ビッグコミックブロス) をご存じの方も多いでしょう。首都圏中学受験学習塾を舞台にリアルな中学受験競争を描いて人気を博しています。地上波でテレビドラマ化もされました。主人公は、実績抜群のカリスマ塾講師黒木先生。その黒木先生は、第一話で子どもたちにこう言い放ちます。

「君達が合格できたのは、父親の『経済力』　そして、母親の『狂気』。」

　もちろん、これはフィクションドラマです。しかしこの言葉のインパクトは絶大で、この言葉が各メディアを一人歩きし、漫画に大した興味もなく、テレビもろくに見ない私の耳にも伝わりました。この言葉を知ったとき、私は思わず「たしかに」とつぶやき、これは見なくてはと感じ、録画してテレビドラマを全部見る羽目になりました。

　ドラマ自体は楽しく拝見しましたが、やはりフィクションです。「こんなこと現実では起こらないようなぁ」と感じることも多々あったり、「首都圏の中学受験はたいへんだなぁ」と感じたり、「これを見ている実際の受験生はどう感じるのかなぁ」と、現実とのギャップに思いを巡らせていました。そして、なぜこの言葉にこ

れほどのインパクトがあるのかと考えました。おそらく、この言葉のポイントは「母親の狂気」、もっと言うと「狂気」という言葉のインパクトです。

　世の中の中学受験経験者、そしてその家族、塾や学校の先生は、うすうす中学受験には「狂気」が漂っていることを感じています。だからこの言葉に心を刺されるのだ。私はそう感じました。

　では実際、塾講師が感じているその「狂気」とはどのようなものなのか？

　一般の方が感じている「狂気」は、「勉強しなさい！」と言って、学校のある平日にも関わらず塾がない日は、２時間も３時間も家庭学習をさせ、塾の宿題がわからず深夜になることも。休日は大学受験生張りに朝から１日塾、そして夜はその塾の宿題。そのような生活を１年以上に渡り強制し、偏差値に一喜一憂しながら難関校を目指す。

　このような家庭に、一般の方は、「狂気」を連想しているのではないでしょうか。もちろん、このような家庭で苦しむ子どもたちもいます。しかし、これは難関校を目指す現実でもあり、それくらい平気で、自分からでも頑張ることができる子どもたちもいるし、そうできる子が受かっていくのが難関有名校です。これ自体を異常だと感じる方も多いと思いますが、受験を目指す全員がそこまで勉強を強制されているわけではありません。現場で感じる感覚では、毎日のように塾と勉強、休日も１日塾というだけでは狂気とまでは言えません（十分おかしいことだとは思います

が）。私が現場で感じる「狂気」は少し意味合いが違います。

　私が感じる「狂気」とは、 子どもの成績や学習態度が、親の期待に添わなかったときの「親の対応」です。

　それぞれの親は、自分の子どもへの期待値を持っていることが多く、この子にこのくらいの成績はとってもらいたい、最低このレベルの学校に行ってほしい、毎日勉強する習慣をつけてやりたい、この塾に通っているのだから、お金をこれだけかけているのだから、これくらいの点数はとるだろう、などなど。親は自分の価値観をもとに無意識に子どもたちへ「理想像」を重ねています。それは当然で、親は子どもたちを立派な社会人に育てたい、幸せになってほしいという思いで中学受験させているわけですから、そのための労力、投資に対する結果は当然期待します。

　しかし、その期待が裏切られたとき、または裏切られそうなとき、親たちの「狂気」が垣間見えるのです。例えば、ただでさえ多い勉強時間をさらに増やせと言ってみたり、塾の時間の隙間をぬってさらに家庭教師を雇ったり、成績が上がらないことを努力不足と糾弾したり、塾やその指導者のせいにして理由を問いただしたり、ひどい方はたった1回の模試の結果だけでもそのような行動に出てしまいます。これは、期待通りにお子さんの成績が上がらない、勉強しない本当の理由が親にはわからないことが多いのが原因なのですが、どうしても親たちは感情的になり、狂気じみた行動に出てしまいます。現場にいると、ときどきそのような場面に遭遇します。

親の期待通りにいかない原因は二つあります。一つは、自分の子とはいえ、親は子の能力特性をしっかり把握できないままに期待値を設定し、それを基準にしてしまっているからです。子どもたちには成長にも能力にも個人差があり、その期待値に届かないことが多くあります。もう一つは、勉強への努力信奉、つまり、勉強は量が大切で、頑張ればできるようになり、努力さえすれば成績が必ず上がると思っていることにあります。しかし、実際はそうではありません。中学受験は特に、学校で解く内容よりはるかに難問だらけです。誰もが解けるようになるわけではありません。この辺りは第四章で詳述しますが、主にこの二つが原因で、親の期待通りに子どもたちが成長しないことへいらだちを感じ、狂気と言われてしまう行動を見せてしまいます。

　そして、もう一つの言葉、父親の「経済力」についても言及しておきましょう。これは、もう有名ですね、中学受験塾には「バカ高い」費用がかかります。一般的に首都圏で中学受験に本格的に取り組もうとした場合、年間 100 万円前後必要となると言われています。月にすると 7 〜 10 万円以上。小 4 からの 3 年間合計で約 300 万円、新車のハイブリット車が買える値段ということになります。私は塾経営者なので、塾として利益を上げようと思うと、それくらいは当然必要なのだろうなと容易に想像はつきますが、払う側のみなさんはどうですか？　これでもし全く成績が伸びなかったら？　志望校に不合格になったら？　私だったら「詐欺だ！」と叫びたくなるかもしれません。

　しかし、ここまで高いのは、中学受験競争が激しい、主に首都
圏と関西圏の話で、全国、特に地方に行くとここまでの額を塾費
に投資している人は少数派です。塾の運営固定費そのものが地方
では安くつきますし、中高一貫校自体がそこまで多くないので競
争が少し緩い、したがって価格を高くしてしまうと生徒が集まら
ないわけです。一般の小学生の塾よりは高いですが、特別講習を
除けば月２〜３万、特別講習を含めても月５万円程度で通えると
思います。首都圏のおそらく半額ほどですね。

　それでも、中学受験には父親の経済力があるほど地方でも有利
です。それはなぜでしょう？

　それは、「塾にたくさん通えるから」というわけではありません。
父親の経済力が高い場合、母親が専業主婦、もしくは仕事をして
いても時間に融通が利くことが多く、「子どもの学習管理をする
時間を十分にとりやすいから」です。もちろん、学習管理する人
が父親であっても同じです。分担して両方が、受験に協力できれ
ば最高ですね。

　小学４年生の子どもを中学受験に取り組ませようとした場合、
その勉強内容の多くは「予習」になります。小学校の内容（場合
によっては中学内容）を先取りしてカリキュラムが進むからです。
その予習は一般的に小学５年生の終わりまで続き、小６では主に
受験問題演習に取り組むことになります。

　この予習や塾の宿題をしているとき、簡単なことを質問できた
り、励ましてくれたりする大人がいるか、いないかは子どもたち

にとって大きな影響を与えます。予習ですから学校では質問できません。まだ思春期も始まってない年齢ですから、すぐ親に聞けるのは最高の環境です。親も相手が小学生で我が子だから、ほとんどの問題は解答を読むか、調べれば説明が楽しくできます。この積み重ねで、当然、学習到達度に少しずつ差が出るわけです。個人差はありますが、特に小学4年、5年の子どもたちはまだまだ精神的に幼く、受験に対するモチベーションも低かったりします。そんなとき、わからないことを質問したり、一緒に調べてくれたりする大人が近くにいることは大きなアドバンテージになります。「小学生相手」の中学受験は、子どもたちだけでなく、親を巻き込んだ「戦い」になっているのです。

　このように、中学受験は、「変」なことが多く、高校、大学受験と比べ、たいへん特殊です。それでも、多くの方は中学受験にとても熱心で、やめることは考えていません。小学校1年のときから準備しようとする人までいます。それだけ、一貫校はやはり魅力的なのでしょうか？　大学受験にかなり有利なのでしょうか？
　次章では、その一貫校の内実に触れてみたいと思います。

第二章

一貫校の表に出ない「デメリット」

想像を超えるメリットと恐ろしい「副作用」

　第一章で、高校受験がない中高一貫制度は大学受験に有利であるということをお伝えしましたが、では、実際にどの程度有利なのでしょうか。一般的な大学実績重視の中高一貫校の学習進度と、一般的な公立中学校の学習進度を比べてみましょう。特に英語と数学に関して先取り学習を進める学校が多いようなので、数学を例にとって比べてみます。

　当然のことながら、多くの場合、一貫校と一般の中学では採用されている教科書が違います。一貫校でよく定番とされるのが数研出版の『体系数学』という教科書です。この教科書は代数と幾何の2冊に分かれており、中学1年ではそれぞれの「I」の学習を終わらせることが、一般的な一貫校の速度となります。以下が代数Iと幾何Iで学習する単元です。

　　代数I
　　第1章　　正の数と負の数
　　第2章　　式の計算
　　第3章　　方程式
　　第4章　　不等式
　　第5章　　1次関数

幾何 I
第1章　平面図形
第2章　空間図形
第3章　図形の性質と合同（証明）
第4章　三角形と四角形（平行四辺形の証明他）

　線を引いた単元は、一般公立中学の場合、中学1年生では学習しない（1年の教科書にない）単元で、中学2年生以降に学習します。不等式など一部の知識は、一般に高校数学で学習するものまで含まれていますが、ざっくりいうと、通常2年生で習う単元の半分ほどを1年生に学習してしまうのがこの教科書の特徴です。そして、次年度の教科書「II」では、2年生の残り半分と中3の内容を一気に習うカリキュラムになっています。

　つまり、一般公立中学3年間で習う内容をちょうど2年間で終わらせる、というのが一貫校の一般的速度になります。このスピードを全教科（5教科）で行うと、高校3年生の1年間のすべての授業時間を、それぞれの志望する大学受験勉強（復習）のみにあてることができます。大学進学実績を重視する一貫校では、私立公立を問わず、全教科でこのスピードを維持するところもあれば、英数のみにそのスピードを適用するなどといった具合に、生徒のレベルやクラス、教科に応じて学習速度を工夫しているようです。

　この「先取り学習」をできることが、高校受験のない大きなメリットの部分で、このカリキュラムにしっかりついていけば、高

校受験を経てくる通常コースの生徒に比べて進度的に余裕ができ、大学受験に優位になります。この一貫校のペースが当たり前になってきたことが、現在、大学受験浪人生が激減している一つの要因でもあります。それくらい、できる子にとっては、先取り学習のメリットは大きいものがあります。18歳、19歳の最も元気で成長力がある1年間を節約できる！ これは確かにすごいことですよね。その1年間を使って、さらなる学力的成長が期待できるし、海外留学など、感性豊かなときにさまざまな経験をするのもいいでしょう。まるまる1年間を節約できれば、そのメリットは親たちの想像以上かもしれません。

　しかし、残念ながら現実は、このメリットを享受できている人はそう多くない、ということをお伝えしなければなりません。メリットを享受できないどころか、この先取り学習という薬の「副作用」に悩まされている人が実に多くいます。この事実を、まだ多くの方はご存じありません。当然、メディアではあまり取り上げませんからね。

　えっ、どんな副作用？ それって本当！？ おおげさに言ってるだけでは？

　先程、「できる子にとっては」と申しましたが、そうです、この一貫校の速度についていけない子、そのような子がたくさんいるのです。「ついていけない子」は、多くの時間を「無駄」に過

ごしてしまう結果にもなりかねないのです。

　もちろん、それはわかっているし、そうならないように塾にも行くし、うちの子は頑張ることはできる、勉強をさせる！　ので大丈夫！　という親御さんも多いかもしれませんが、事態はそう単純ではありません。

　これは、現場にいる人間にしかわからない感覚かもしれませんが、この「先取り学習」が有効な子どもたちは、少数派と言っても過言ではないのです。それは、中学受験時に偏差値60（中学受験をしない子も含めた全体の上位16％程度の意）を超える子にも言えます。ましてや中学受験時代に偏差値が60を下回るような子どもたちは、その多くの子にとって、この「先取り学習」は完全に「もろ刃の剣」です。

　詳しくその理由を見てみましょう。

　最も「被害者」が多く出るのは、数学と英語です。先程、目次を上げた数学の体系数学を例にとって説明致します。

　この体系数学という教科書には付属の『体系数学問題集』という問題集が作られています。文字通り、教科書に対応してたくさん問題が演習できるように編集されています。質・量ともに、一般の中学で使われる問題集とは比べものにならないほど充実した問題集です。多くの一貫校ではこの問題集の「発展編」を子どもたちに持たせます。また、さらに、同じ数研出版の『体系数学チャート式問題集』も付属の問題集として生徒に購入させている学校が多く、この2冊の内容と教科書から中間期末テストや実力テス

トが作成されます。この『チャート式問題集』は、大学受験対策として有名で定番の『チャート式問題集』（白黄青赤があり多くの普通科高校が採用）がベースとなっており、基本問題から難問までが網羅、掲載されるそこそこ分厚い問題集です。学校側は、教科書を含めたこれらの問題集すべてを「3回通り解け」と指導することが定番です。

　読んでいるだけで酔ってきそうな方いませんか？

　もちろん数学だけではありません。他教科も一般的な中学よりは問題集の量は多いですし、少なくとも英語は、数学に匹敵する量と質を課している学校は多いです。しかも英語は英検にも挑戦させます。これだけの質と量の問題を、中学1年生の子どもたちは大学受験という目標に向かって、毎日演習に励むわけです。中学受験が終わったら勉強が終わりというわけではなく、大学受験勉強が、入学後すぐにスタートするわけですね。

　それでも、厳しい中学受験を戦い抜いてきた子どもたちは、この量と質をほとんどの子が_・こ_・な_・していきます。すぐに脱落してしまい、ほとんど勉強しなくなってしまう子もいるにはいますが、多くの子は塾に通い、部活を制限し、わからない問題は先生や塾で聞きながら、粘り強く頑張ることができます。だてに中学受験を経験したわけでなく、学習習慣が付いている子どもたちが多いです。一般公立中学ではありえないほどみんな勉強熱心です。中学1年から勉強についていけない子はどの学校でもかなり少数派でしょう。

　その子どもたちの姿を見て、多くの親たちは「この学校に入れて良かった」と思い、このまま塾にも通わせて「最低限クラス平均以上はとらせよう」「クラス分けが始まる高等部では上位クラスを目指そう」と思うわけです。

　しかし、中学2年の後半から中3、高1をピークに副作用が出始めます。

　少しずつ、子どもたちが疲弊し始めるのです。

　私はある私立中高一貫校の、「入学説明会」と称した塾業者向けの学校PR会に毎年招待されます。この「説明会」は、学校の実績や学習方針・授業内容のPRを聞き、昼食（高級弁当）をいただいて、「今年も貴塾の優秀な生徒をぜひ我が校へ」というお願いをされる、塾業者が実質的には「接待」を受ける会です（そんな会があるの！？　と驚かれる方もいるのでは）。

　この会では、学校が、毎年生徒たちに無記名で行う授業に関する「アンケート調査」の結果を見せてくれます。その中に授業満足度調査の項目があり、その調査結果は毎年、判で押したように同じになります。その結果はこういうものです。

「中学1年生が最も高く、90％近くが授業に満足している。そして、その満足度は、中学2年生、3年生、高1と、学年が進むにつれて大きく60％〜50％程度まで下がる。そして不思議なことに、高2、高3と満足度が少し持ち直す。しかし、中学1年生ほどの高さに戻ることはなく、70％くらいまでは戻る。」とういう結果です。

これは毎年、ほぼ同じ結果、数字になります。この学校による理由の説明は、「中1は入学したばかりで全員横並びのため学習への集中力が高い、しかし、中2以降学習内容が難しくなり始め、中3と高1生に最も学習の負担（質・量ともに）がかかるため授業の満足度が下がる（対策はしているらしいが）。高2・高3では志望校に合わせた授業内容・レベルにクラス分けされるため満足度が高くなる。」ということです。

　おそらく、先取り学習を本格的に取り入れている一貫校の多くでは同じ傾向があるのではないでしょうか。塾で実際に子どもたちを学習指導していても、全く同じような感覚があります。一貫校の3年生、4年生（高1）は本当にたいへんそうです。ついていくことで精一杯、ギリギリ頑張っているという子どもたちが多いです。

　つまり、先取り学習は、子どもたちにとって「負担」が非常に大きい、そしてそれが長く続くのです。外から見て、時間を有効に使える先取り学習は理に適っているように見えますが、子どもたちにとってはレベルが高い中での先取りなので相当にキツイのです。多くの子にとって「高校受験がない、わーい、バンザイ！」というわけにはいきません。親たちは、高校受験という負担の代わりだから、大した負担増ではないのでは？　と感じるかもしれませんが、現場の子どもたちは、そういった親たちの想像以上の「負担」を背負わされ頑張り続けています。

　このような状況の結果、中2の後半あたりから疲弊が表に出

だした子どもたちは、徐々に苦手教科に「手」がまわらなくなり、「捨て教科」を作り始めます。本当はできるのに、中学受験を通過したのだから力はあるのに、必要以上に苦手を苦手と強く意識してしまい、勉強へのやる気そのものをなくしていきます。

　周りには、平然とした顔でそれらの量をこなし、楽しく勉強をしながら上位をとる子も当然います。それを見ている、少しだけ不器用な子どもたちは、私はできない人間なんだと「自己嫌悪」を感じます。一生懸命塾に通って、苦手教科も学校の宿題もすべて頑張って、ギリギリ喰らいついている子の「見えない裏側」で、自己肯定感という最も将来の人間的な幸せに影響する大切な部分が、育たない、傷ついている子がいる。これが進学実績を第一とする一貫校の現実であり、先取り学習の「副作用」です。この副作用を受けている子どもたちが、クラスの半分くらいの人数いるかもしれないという現実を、中学受験を志す親は知っておくべきではないでしょうか。

「自称進」のあるある

「自称進」という言葉をご存じでしょうか。

　私もこの言葉を最近 YouTube の動画で知りました。その動画は、wakatte.TV という人気チャンネルの動画で、二人の高学歴 YouTuber（京大中退と早稲田大学教育学部卒）が、街ゆく大学生にインタビューをし、学歴をいじり倒し笑い、現在受験生の視聴者に「勉強もっと頑張れ！」というエールを送るという趣旨のものです。チャンネル登録者数は 45 万人以上（23 年 9 月時点）います。高校生、大学生を中心に受験界隈では有名なチャンネルで、私も思わず面白くて時々見入ってしまいます。ちなみに、この「学歴をいじり倒す」笑いは、当然反感も多く、動画内で激しく本気で怒って抗議している大学生がいたり、他のチャンネルで不快だと意見を表明する動画があったりします。私の塾の生徒でも「あのチャンネルはいや！」とはっきり言う高校生もいます。しかし、テレビでは絶対成り立たない（放送できる内容ではない）エンターテイメントとしての価値はあり、高学歴な人の上から目線の「本音」が聞くことができるので、学歴を問わず好きな人も多いでしょう。私も、現代の大学受験事情の本音部分が垣間見えて、参考になるなあと思い時々見ます。こんなテレビでは放送できないような本音が面白く気軽に見られる。すごい時代ですね。

　このチャンネルの「自称進」をいじり倒す動画を見て、私はこ

の言葉を初めて知ったわけです。

「自称進」とは、自称進学校の略です。中学受験で地域№.1の学校でなく、2番手以降の学校に多く、首都圏、関西圏ではトッププレベルの有名校（主に学年全体ベースの偏差値65以上）以外がそれに当たります。その意味するところは、「当校に通えば難関大学に合格できる学力をつけることができる優秀な進学校です！」と学校側は主張、宣伝しているが、実際、そもそもの入学偏差値（中学受験時）はそこまで大したことはなく学力下位の生徒も多い、大学実績も本当の有名進学校に比べると足元にも及ばない。自分から言っているだけで、他人からは「優秀な進学校」のお墨付きはもらえない、自称しているだけの進学校だという意味らしいのです。

　私は、これを知ったとき「なるほど！」と思わず声をあげてしまいました。確かに、そのような高校はいっぱいある！（人により線引きは違うようだが、だいたい入学偏差値が50〜65までの学校）。そして、その通り、学校側は「自称」しているように見えるのです。

　さらに、この動画では「自称進」のあるあるとして次のような面白いことを言っていました。

「授業が0時限目から8時限目まであり毎日朝6時起きで遅くまで勉強させられる。しかし、その0時限目の授業（早朝授業）で成績が伸びた！　という人はいない（笑）」

「軍隊みたいな校風（笑）で、授業時間がやたらと長い」

「ベネッセの問題集が大好き」

「学校の先生は決まって東進（林修先生所属の予備校）が嫌い（笑）。話に出すと不機嫌になる。それは実力で勝てないから？」

「都市部の学校以外は共通テスト経由の国立信仰（私立大学はどこもダメ、国立ならどこでも良い）の先生ばかり。」

「無理に『青チャート』を全員に配る（笑）。」

などなど。

　思わず笑ってしまうことばかりなのですが、これを聞いて私は、塾生徒たちの顔が浮かびました。言っていることがほぼ同じだからです。現場で生徒たちと毎日接していると、このあるあるは、実に的を射ている！　ということがわかります。しかし、親として、塾の講師として笑ってばかりはいられませんね。実は、ここに大きな問題が隠れているからです。例えば最後の言葉を見てみましょう。

「無理に『青チャート』を全員に配る」

　実はこれ、子どもたちにとって大問題なのです。大学進学優先の普通科高校でよく採用される数研出版の『高校数学チャート式問題集』には、先程少しだけ触れたように白・黄・青があります（緑や赤もありますがここでは一般に使われるこの三つを例にします）。白が基礎、黄が標準、青が発展という位置づけです。もし、高校数学導入時点での学力が高く、旧帝大を代表する難関国立大学、医歯薬を代表する高偏差値の国立大学理系学部、私立でも早慶を代表する難関理系を目指す力があるなと感じる場合は、高1

（一貫校では中3）の時点から迷わず『青チャート』を選ぶことを勧めます。この学力レベルの生徒は、教科書や他の問題集で十分基礎が身につき、『青チャート』の発展問題レベルになんなく取り組めるからです。しかし、そこまでの力を感じない場合（ほとんどの生徒はこの状況）は『青チャート』を購入する必要はなく、『黄』や『白チャート』で問題の解法を丁寧に演習することが得策で、子どもにとって適切です。なぜなら『青チャート』は、基礎・標準的な問題の量が少なく、発展的な問題の解き方が中心の問題集だからです。基礎力に不安がある人にその発展問題の理解は難しく、解くこと自体が苦痛になることも多いです。それに対して『白』や『黄』は、大学受験に出題される基礎的な問題や標準的な問題が中心で、『青チャート』より基礎問題の掲載数が多く、それらの問題が丁寧にわかりやすく解説されています。そのため、基礎理論の理解が何よりも大切な数学は、白や黄からスタートさせることが一般的な生徒には最も適切だと言えるのです。

　大学受験を指導してきた塾講師として個人的な意見を言わせてもらうと、旧帝大、早慶の理系学部を狙える位置にいる人以外は、学校で高校2年内容の学習が終わるまで『黄チャート』で十分。それをまず、隅々まで解けるようになってほしいと心から思います。それができて、受験勉強に向けて『青』が解きたいなら解けばいい、それで十分間に合います。『青チャート』を採用している多くの学校で、『白』でさえ完璧に解けない人が圧倒的多数派なのに、なぜ『青チャート』を高校1年時（一貫校では中3）か

ら採用しているか理解に苦しむ！ というのが20年受験指導をしてきた私の見解です。

しかし、このことを伝え、『青チャート』は使わずに『黄』や『白』がいいよと、「自称進」の塾生にアドバイスすると、決まって生徒たちはいい顔をしません。

「僕（私）は、中学受験で勉強して良い学校に入学した。そして今も勉強を頑張っているのに、他のレベルの低い学校で使っている『白』や『黄』をなぜ使わなければいけないのか。学校の先生だって『青』が良いと言っている。」

そう思っている顔をします。まあ、そう思っているからいい顔をしないのでしょう。子どもたちを見ていると手に取るようにわかります。現にそのあと、アドバイスを聞いて『白』や『黄チャート』を購入する人は少数派です。

そうなんです。学校側も、その学校の先生たち、生徒たち、そして親たちも、発展問題が自分たちには合っていると思い込んでいる。　おそらく、

「プライドで『青チャート』を選んでいる。」

そう言ったら言い過ぎでしょうか。

私は20年以上同じ地域で大学受験指導をしてきましたが、20年前はほとんどの進学校（自称進レベル）で『黄チャート』が採用されていました。5〜7校の普通科高校が進学実績を競争している地域です。しかし、ある年にそのうちの1校が、難関大合格実績が伸びた高校（私立校でもともと『青チャート』採用校）

に倣って『青チャート』の採用に変更します。すると、面白いことにその数年後、他の2,3校も『青チャート』を採用したのです。そうすると、さらに面白いことにそのうち1校が、『青チャート』ではなく『フォーカスゴールド』という似たレベルの他社出版の問題集を採用します。真似したくなかったのか、独自色を出したかったのでしょう。各学校、実績競争でなんとか頭一つ抜け出そうと必死です。他の学校がどのような問題集を採用しているかは興味津々なわけです。ちなみに、県全体の実績は全く伸びていませんので、採用する問題集が変われば実績が伸びるというわけではないので、あしからず。

　そして、さらに面白いことに、途中から『青チャート』を採用していたある高校は、最近、なんと『白チャート』の採用に変更したのです。私にはその学校の先生たちの気持ちがよくわかります。

「この子たちに『青チャート』は授業で使いづらい、『白チャート』が最も効果的だ。」

　そう思ったのでしょうね。

　自称進のあるあるに出てくる言葉は、学校側の指導方針が、どれも子どもたちの個性や創造性を大切にしたものではなく、「大学合格実績を上げるため、子どもたちを多少無理矢理に、背伸びさせている」という実態を浮き彫りにしていると思います。また、子どもたちにとって本当に有効な指導法が採用されているのか？　疑問があることの証明ではないでしょうか。もちろん、す

べての学校がこれに対して対策を講じないわけではないでしょう。現に私の地域でも、先程紹介したように『白チャート』の採用に変更した学校もあります。

　ただ、実際にこのあるあるを継続している学校は多く、この無理をしていることでの弊害は見過ごせないのではと思うのです。上手くそれをかわせない子どもたちは疲弊し、勉強嫌いになってしまったり、遊びに逃げてしまったり、自己肯定感を傷つけてしまったりするわけです。

一貫校で潰れていく子どもたち

　もう一つ、一貫校でよく使われる、ある言葉を紹介しましょう。それは、「深海魚」という言葉です。成績が、全く上昇せず、学校内成績が下位にずっと位置する生徒のことを指します。どの学校にも必ずいると言われていますが、たいへん残酷な言葉です。みなさんも、その「深海魚」と言われるようになってしまった子を持つ親の気持ちは想像に難くないでしょう。

　どうそこから抜け出せばよいのか？

　塾にはもちろん、私のYouTubeチャンネルにも途方に暮れて相談に来る方が時々います。その方々に私がどう答えるかは最終章でお伝えしますが、まずは、その「深海魚」が生まれてしまう理由を考えましょう。深海魚が生まれてしまうパターンには2種類あります。

　一つ目のパターン、それは中学受験後の解放感から来る、「もう勉強しなくていい」という意識から家庭学習を全くしなくなり、やがては学校の授業さえ聞かなくなってしまう「遊び大好き型」です。学年ビリから慶應義塾大に合格を果たし、本や映画「ビリギャル」で有名なさやかさん（今はユーチューバーとしてもご活躍中）は、まさしくこのタイプと言えばイメージが付くでしょう。つまり、きっと元々は勉強が好きではなかったのにも関わらず、理由は何であれ、中学受験勉強はかなり頑張り、受かったら塾も

勉強もやめてやる！　と思いながら、見事中学受験で合格してしまった子たちです。実際に入学後は、解放感からゲームや遊びに没頭し、それが習慣になってしまい成績が低迷します。もっとも、有名大学附属中学（エスカレーター式で有名大学に行ける）には、このような生徒は多数いるらしいですが。

　正直、私はこのような子どもたちはあまり心配していません。遊びたくて遊んでいるわけですし、どこかできっかけさえ掴めば（前出のさやかさんがそうであったように）、また目標に向かって勉強できる子も多いです。何より、遊びの中で自分の進むべき道のようなものが見つかったり、将来の夢が見つかったりする場合もあります。何がきっかけで子どもたちは目標を見つけるかわかりません。親としては心配だと思いますが、鎖でつなげるわけではありませんので、元気に学校に通っていれば大丈夫です。子どもたちを信頼しましょう。

　二つ目のパターンは、学校の雰囲気や授業レベルが合わない、または、学校の授業レベルについていきたくてもついていけないパターンです。こちらは少し心配です。中には不登校になってしまう子もいます。小学生のとき、すごくまじめで頑張り屋さんで、中学受験にはなんとかギリギリで合格したものの、不器用で、そして、そんなに学習センスがある方でない。そんな子は、中学に入り、授業内容のレベルの高さ、そして量の多さに戸惑います。最初はなんとかついていこうと頑張るのですが、それでもテストの点数がとれない、成績は下位。周りは、遊びながらでも点数を

とる優秀な子ばかりに見え、どんどん自信を失くしていきます。

　そんなとき、自分も遊びや部活に活路を見出して、成績が悪いことを気にせず楽しく学校生活を送る方に舵を切ることができたなら、一つ目のパターンの深海魚として受験時にはなんらかの打開策を見つけることが多いのですが、そうならない子もいます。その場合、ストレスばかりを溜めてしまい、最悪不登校になることもあり、中３時に高校受験への道を選択し転校する子もいます。

　そこまで追い込まれてしまう子は確かに少数派ですが、そのような現実が毎年起きているのもまた事実です。そうなってしまう可能性があるかどうかは、お子さんの性格、学力、塾や学校での勉強の様子、そして友達付き合いなどからある程度は予測できますので、学校選びの際は考えに入れておくことが重要です。くれぐれも親の希望を優先した無謀な受験や、憧れだけで学力が伴わない中学受験は避けたほうが賢明でしょう。もし、自分に合わない学校に進学してしまい、「深海魚」になってしまった場合、多感な思春期の６年間をそこで過ごすことは本当につらい、酷なことだと思うからです。

中高一貫校では「生きていく力」がつかない？

　また、一貫校の学習内容について、もう一つ、親に知っておいてもらいたいことがあります。それは、理科と社会の学習です。

　一般の中学校では、当然高校受験があります。そのため、通常、受験生となる中3のときには、毎月のように実力テストがあり、中学1，2年の内容からも問題が出題され、1年間を通して受験まで、中学3年間の知識を総復習し受験に臨みます。当然、一貫校では高校受験がありませんから、この総復習期間がありません。その代わりに高校内容を先取り学習するわけです。この「中学内容を総復習する期間がほぼない」ということが、高校受験を経験した生徒としていない生徒で大きな差を生みます。

　高校受験では、英、数、国、理、社すべての知識が均等に必要です。日本の公立中学校のカリキュラムは非常に良くできていて、塾講師をしていて気づいたのですが、一般常識としての理科、社会（地理、歴史、公民の政治に関する知識など特に重要）は、生きていく上で役に立つ、非常に重要な知識ばかりです。もし、知らないと常識が分かっていない人と見られかねません。テレビで常識問題をクイズに出され正解できない「おバカタレント」状態になってしまいます。義務教育なので当たり前ですよね。

　それに比べ、高校普通科の勉強は、各教科、学問としての基礎を学ぶことが中心で、実生活には、将来、使いそうにない知識ば

かりです。普通科高校に通学経験がある方にはわかると思います。社会、理科の知識はマニアックなことばかりで実社会に役立つのは現代社会の知識くらいではないかと思います（現代社会の多くの知識は中学公民と共通している）。

　残念なことに、中高一貫校では、この中学知識がなおざりです。特に理科と社会は悲惨なものです。みんな復習をしません。もちろん、テスト前は理科や社会も頑張って勉強するのですが、ほとんどの人は、その場のテスト限りで忘れてしまいます。高校受験がないため、興味がない分野は特に知識が付きません。目的が大学受験だからです。

　大学受験は、自分の得意な教科のプロにさえなれば乗り切れます。私立大学へ進学する人は、文系なら理科、理系なら社会を全く復習しませんし、受験にその教科が必要ないのですから、暗記知識０でも合格可能です。教科数の多い国立大受験は若干違いますが、それでも教科の選択がある程度可能です。例えば、中学１年理科で習う、地震の基礎的な知識、Ｐ波とＳ波の違いを知らなくても東大まで行けてしまう制度が今の大学受験制度です。高校受験を経験してる学生は、当然中学範囲をしっかり復習してから普通科の勉強を始めるため、その経験がない一貫校生と、理科社会の知識を中心に差があるのは当然のことなのです。中学受験では確かに理科社会の勉強を、受験しない子たちより相当に学習していますが、それでも高校受験に必要な知識と比べれば、当然知識量は少なくて済みます。

そして本当は、この中学の勉強にこそ、勉強の面白さと、日常生活においての重要知識が隠れているのです。それに、気付かず、成長してしまうとどういうことが起きると思いますか？　やはり、大学受験に関係ないとはいえ、中学内容の知識くらいはしっかり学習して、常識として使える大人になってもらいたいなと思う親は私だけではないはずです。

「相対的剥奪」と「小さな池の大魚効果」

　最後に、あまり知られていない一貫校と一般的な公立中学の大きな違いをお伝えしておきます。　それは、公立中学と比べ、一貫校では子どもたちの努力が報われにくいということです。正確に言うと、「努力の成果を感じにくい」ということになります。

　どういうことか？

　中学受験で子どもたちを選抜する一貫校では、当然、一般公立中学よりはるかに学力が高い生徒たちが揃います。中には自他ともに認める天才もいます。各小学校の上位20％以内にいる人たちが集まってくるのだから当然です。その中で、入学後、今度はその子どもたちの間で競争が始まるわけです。毎日、部活動が終わって疲れて帰ってきた後、2〜3時間の家庭学習を続けたとします。本人からすれば相当な努力です。しかし、そのような優秀な子たち間の競争ですから、いざテストとなったとき、果たして、成績は上がるでしょうか。それだけ頑張っても、下がることさえもきっとあるでしょう。

　それに対して一般公立中学校では違います。それだけの勉強している人は、たくさんはいませんし、上から下までの学力差が大きくあります。それだけ勉強したなら、少々苦手な教科でもかなりの上位をとることができる可能性が高いです。少ない上位の人の中での争いですので、やりがいもあり、ライバルも目に見えて

戦いやすいはずです。

　つまり、同じ量の努力でも、本人にとって一貫校のほうは、努力が剥奪されたように感じてしまう。これを、努力の「相対的剥奪」と言います。

　一方、一般的な公立中学では、同じ努力で数少ない成績優秀者の一人になれます。上位を維持することも同じ努力量で可能でしょう。学校の先生も親も褒めてくれるはずです。そして友達も「勉強ができる子」として見てくれます。数多い成績優秀者の中に埋もれてしまう、一貫校とは大きな違いとなります。これを「小さな池の大魚効果」と言います。

　前者は社会学の用語、後者は特に教育心理学で使われる用語で、その効果は広く知られています。どちらが、その後の生徒の精神的な成長にとって有益かは考えるまでもないでしょう。前者は、もっと大きな努力をしなければ満足いく結果が得られないため、自分になかなか自信が持てません。後者は「やればできるんだ」という小さな成功体験を積み重ね、大きな自信をつけていくことができます。

　お気付きの方もいるでしょう、前者の「相対的剥奪」は、社会に出れば、日常茶飯事に起こりえます。大人たちは毎日のようにこれと戦っているので、そんな甘いこと言ってはダメだと思う方も多いかもしれません。しかし、彼ら彼女らは思春期に入ったばかりの10代前半の中学生です。そして、それが6年間続くことを考えると、無視できない影響があることは確かでしょう。

　この章では、一貫校のデメリットを中心に見てきました。これらを知っても、一貫校のメリットを捨てがたい人は多いと思います。小学生の間に、しっかり準備を整え、中学受験さえ乗り越えたならなんとかなると考える方も多いでしょう。

　それでは次章で、中学受験をする親に参考にしてもらいたい、私が20年以上の塾講師経験から感じる「中学受験に向いてる子　向いてない子」を判断する目安を紹介しましょう。

第三章

中学受験に「向いてる向いてない」の判断方法

残酷すぎる「地頭」の差

　塾で長年生徒たちを学習指導していると、子どもたちそれぞれ
が生まれた時点で持っている学習能力・センスみたいなものの「個
人差」を感じとることができます。そして、その能力によっては、
相当な努力を本人ができたとしても、志望校には届かないだろう
なと判断することがあります。

　しかし、このような話をすると、個別指導や家庭教師で指導経
験がある方にはこの話の意図することがわかってもらえることが
多いのですが、その経験がない人を中心に「ひどい！」とか「そ
の能力を伸ばすことが塾の仕事だろ！」などと言われ、話を理解
しようともしてくれない方もいます。そのような方は、本人や家
庭の努力と塾教育次第で中学受験は乗り越えることができる、第
一志望へ合格することができる思い込んでいるのだと思います。

　確かに「学習能力」を伸ばす努力をし、家庭へアドバイスする
ことが塾の仕事ですが、その効果の大小とは別に、残念ながら
持って生まれた子どもたちの能力個人差は間違いなく存在し、受
験結果がその影響を受けることは間違いありません。そして、お
そらく指導経験がない人には想像がつかないほどその個人差は大
きく、親や塾講師がどれほど工夫、努力しても差が埋まらないと
きがあるのです。

　私自身が大学１年で、当然のことながら指導経験「0」で塾講

師のアルバイトを始めたとき、子どもたちの学習能力の個人差に大きな衝撃を受けました。子どもたちにわかってもらおうと、必死で丁寧に問題を解説しても、その受け取り方は人により全然違う。よく理解して応用まで簡単に解けてしまう子もいれば、教えたことを理解さえできない子がいる。なぜ、この解説が理解できないのだろう。なぜ、こんな簡単な問題も解けないのだろう。そのようなことの連続でした。20年がたった今でも、この個人差を埋める方法はあるのかと言われると、「ないかもしれない」「努力だけでは難しい」と答えます。私だけではありません。昔からの塾講師仲間、運営するYouTubeチャンネルの動画にいただく同業者の方からのコメントなどからも同じ意見をたくさんもらいます。

　具体的に「学習能力の個人差」とはどういうものか？　それは、個々の運動能力の差に例えるとわかりやすいでしょう。運動は、記録の伸びや勝ち負けなど誰の目にも客観的に判断しやすい指標があり、上手い下手がはっきりとわかります。センスがある人ない人、競技によりそれぞれありますが、一般的に「運動神経が良い」とされる人は、どんな運動やスポーツをやっても上手になるのがとても早いです。そして、「運動神経が悪い」とされる人は、何をやっても、練習をたくさんしても大して上手くならず、個人競技では1回戦もなかなか勝てず、チームスポーツでは万年補欠になってしまいます。

　勉強についてもこれとほぼ同じように、持って生まれた遺伝的

な「勉強神経」のようなものの個人差が存在します。一般的にこれを「地頭（じあたま）」と表現することが多いようです。まあ、頭が良いとか悪いとかの直接的な表現を避けているだけという言い方もできるかもしれません。そして、この「地頭の差」は、運動神経と同じく、相当に個人差が大きいのです。

　例えば、英単語を10個「用意スタート！」と言って子どもたちに覚えさせたとします。できるだけ公平性を期すために、英語に全く触れたことがない子どもたちを集めてきたとしても、ある子は、ものの5分程度ですべてそれらを覚えてしまい、ある子は15分経っても30分経っても完璧に覚えられない。そして、苦労して完璧に覚えた後、数時間たって、もう一度テストをしてみる。すると、ものの5分で覚えた子はまだ全部の単語を覚えているが、30分間苦労して覚えた子は、たった数時間で半分以上を忘れてしまっている。地頭が良い子とそうでない子にはこれくらいの差があります。

　そんなの努力で繰り返し覚えればいい？　その差は努力でなんとかなる！　そう思いますか？

　これは、たった10個の英単語の話です。もちろん、忘れるなら繰り返し覚えさせますし、そう努力することはとても大切なことは言うまでもありません。しかし、これが、1000個、2000個、3000個となってくると、簡単にはいきません。そして、英語だけでなく国語、算数、理科、社会とそれぞれに暗記しなければならない知識、理解しなければいけない概念があります。ここまで

くると、たとえ全ての時間を勉強に費やし努力することができたとしても、物理的にこの差を埋めるには時間が足りない、地頭が良い子には勝てるわけがないということになってしまいます。とても残酷なのです。

　そして、このような記憶力だけではありません。地頭が良い子は、勉強を「楽しむ」力をもともと性質として持っている子が多いです。そのような子たちは、勉強してわからないことを知ったり、難しい問題を理解できたりすると、脳が快楽物質である「ドーパミン」を出すそうです。いわゆる知識欲を満たすというやつですね。

　地頭が良いとされる多くの子は、勉強に対しても好奇心が強く、特に特別な楽しい授業を学校の先生がしなくても、普通に勉強をしているだけで、脳内にドーパミンが出て知識欲を満たし快感を得ることができます。そして、このドーパミンを求めて、このような子はさらに自分から勉強するわけです。

　それに対して地頭が悪い子は、学習内容に興味を持つことができず、難しい問題を解説してもらい、それが理解できたとしても感動が少なく、なかなかこのドーパミンが出ません。それどころか、勉強をつらいものだと感じてしまい、なぜこんなことをしなければいけないのかと思ってしまいます。知らない知識を覚えても、それに興味を持てないので、覚えたことが定着しない傾向にあります。だから、なかなか自分から勉強をしようという気になりません。

ここで敢えて言わせてください。ある子どもに対して「地頭が悪い」と言ってしまうと、その子を人間的に「頭が悪い」「できない子」と決めつけて蔑む印象を与えてしまうと思いますが、私が意図するところはそこには絶対にないので誤解しないでいただきたいです。あくまでも、地頭が良い悪いは、学校の勉強などの読み書き計算を伴う学習に対して、生まれつきに相性が良いか悪いか、読解力・記憶力・計算力が付きやすいか付きにくいかを言っているだけで、総合的な人間力、今後の子どもたちの将来性を評価したり、否定したりするわけではもちろんありませんのでご理解ください（下名運営の YouTube チャンネルでこのことをテーマにし、対策を含めた動画を複数上げておりますので疑問に思う方はご覧いただけますと幸いです）。

　この地頭が良い、悪いという言い方は、非常にセンシティブで、本人の前ではもちろん、保護者に対しても直接言及することは難しいです。特に地頭が悪いと言ってしまうと、人間性そのものを否定していると捉えられてしまいます。事も無げに言ってしまう塾講師もいますが、一般常識がある普通の講師はまず言わないし、学校の先生がこのようなことを発言すると大問題になりかねません。

　ただ、持って生まれた地頭の個人差は、大きくあることが事実だということを親たちは知っておくべきだと思うのです。努力でカバーできない差が現実としてあるのです。これは、行動遺伝学という科学の世界でも、ほぼ間違いがない事実として捉えられて

います。(第四章で詳述)

　そして、世間の多くの方がうすうす気づいているように、この地頭の差は、受験に大きく影響します。特に12歳という成長の個人差がまだ大きく残る年齢で争われる中学受験では、なおさらその影響は大きく、甚大です。

　親たちは、この「地頭の差」を考慮に入れて中学受験の戦略をたてることで、子どもたちの可能性を最大限に広げることができ、また、子どもたちの精神的な成長に適した環境をつくることができる。そして、前章であげた「一貫校で潰れていく子どもたち」になることを避けることができる。そう私は確信しています。「地頭の差」を考慮に入れて学習計画をたてることは、子どもたちを救うことでもあるのです。

中学受験に向いている子の特徴

　中学受験に向いてる子どもたちは、当然のことながらこの地頭が良いとされる子どもたちです。どの程度の良さを持っていれば大丈夫なのか？　それをどのように判断すれば良い？　という話になってくると思います。では、その目安を考えてみます。

　まず、大前提として、中高一貫校のほとんどは大学進学を前提とする普通科教育を行う学校であると考えます。一部には、他の類を見ない教育方針を前面に出し、従来の大学受験教育を良しとせず、個性を伸ばす教育方針を打ち出す学校もあるようですが、そのような学校は例外と考えてください。これから提示する目安は、あくまで大学進学教育が中心となる学校に進学しても大丈夫かどうかの目安です。そして、現状の中学受験では、「中学受験する＝大学進学教育をメインとした学校に行く」という理解でいいと思います。

　では、どのような子がこの中学受験に向いてるかを考えます。

　一般的な公立小学校では、文科省お墨付きの教科書を使用して同じペースで進み、大体同じレベルのテストを各教科、単元ごとに行っています。成績表は相対評価であることが多いので、学校や地域が違えば比べることはできませんが、テスト結果（点数）を見ると、どの地域であれその子どもの大体の地頭を予想することができます。中学受験に向いている子のテスト結果については

次のようなことが言えます。

・全教科で 90 点を下回るテスト結果は滅多にない。

・普通にミスがなければテストはいつも 100 点だ。

・テストで間違った問題は、多くはケアレスミスで、解き直したら自力で難なくできる。

・塾や親などに教えてもらって学校の内容を必死で復習しなくても、前の日にわざわざテスト勉強をしなくても、点数を維持できる余裕がある。

　これらのすべてを満たしている場合は、中学受験を考えても大丈夫でしょう。多くの場合、学校の授業が簡単すぎて時間に余裕があるので、難しい中学受験に取り組むことができます。このような子どもたちは、学校での授業を受けた時点で、ほとんどのことはできるようになっています。演習も、学校から出される簡単な宿題だけで十分です。だから、毎回のテストで 100 点近くの点数をとってきます。

　この目安は、算数理科社会が本格化する小学 5 年生や 6 年生の子どもたちに適用される目安です。実際中学受験勉強をスタートさせるのは小 4 が一般的ですが、それ以前の小 3 の時点でこの判断をする場合、この点数がとれていてもその後についていけなくなる子もいるという点はご注意ください。小学校は、5 年生、6 年生になると難易度が急に上がるからです。中学受験に向いて

る子たちは、そのレベルも難なくこなせるはずです。

　私立中学受験の場合、第一章でも述べたように、小学校で習う学習内容の、より深く・より細かく・よりたくさんの知識が必要となり、学校で学習しない、相当な難問が多数出題されます。それに対し公立中学「受検」の場合では、小学校で習う知識範囲で出題をしてくれますが、それでも算数や国語はけた違いに難しくなることが普通です。つまり、学校の勉強に対して十分な余裕を持てないようでは、中学受験はお勧めできないのです。

　もちろん、受験する学校によっては、比較的解きやすい問題を多く出題している場合もあります。努力や暗記で解けてしまう問題なので、そこまで地頭が良くなくても、本人の気持ちさえあれば対応できます。しかしお察しの通り、そのような学校は、他校と比べるといわゆるレベルが低い学校です。そこそこの学校でも、多くの人が第一志望にするようなレベルの学校では、そのような易しいレベルの問題ばかりであることはまずありません。難関大学進学実績を誇るような有名中学になると、前出した国立大学医学科の生徒でも手も足も出ないような問題ばかりになります。

　そう考えると、中学受験に向いてる子は、小学校の授業内容に対して、「かなりの余裕が全教科である、地頭の良い子」であることは当然ということになります。

　では、条件を満たさない子は中学受験をしないほうが良いのか？

　そこまでは言い切れません。子どもたち、それぞれに成長の個人差があり、地頭が良さそうに見えないからといって、すぐに中学受験はしないほうが良いとは言い切れないと思います。ましてや、中学受験をすべきではないと言うつもりはありません。しかし、学校の授業に対してそこまでの余裕がない子どもたちが、中学受験に挑戦する場合、親はさまざまなリスクがあることを想定し、それに対するフォローや対策、上手くいかなかったときの受験撤退までを覚悟しておく必要はあるのではと思うのです。

　これは、あくまで、一つの「中学受験に向いてる子」の判断基準ですので、後に出てくる「向いてない子」や、「ゆる受験」の考え方なども知っていただいて、他の要素も踏まえて最終判断をしてもらいたいです。

　ちなみに、学校のテスト以外で普段の会話や遊びの中でも、「勉強へのセンス」というものが垣間見えることがよくあります。こちらも中学受験を目指すきっかけにしてもいいサインかもしれません。

・世界地図の国名国旗を小学校低学年で勝手に覚えた

・本やマンガが好きでずっと読んでいる

・起承転結のある話を作ることができる

・図鑑好きで、○○博士だ（何の分野でも良い）

・自らを「勉強できる」と思い込み自信がある

・なぜ？　の質問が鋭く、好奇心旺盛

これらの特徴がある子どもたちは、高校受験のない一貫教育に向いている可能性が高いと感じます。ただ、あくまでこれは、何か科学的な根拠があるわけではなく、私の経験上であるということはご理解ください。これが全てではないのですが、次の「受験に向いていない子」の特徴についても、子どもたちのためにあえて本音を言わせていただきます。

受験に向いていない子の特徴

受験に向いていない子の特徴を挙げてみます。

・算数に苦手意識がある。
・計算は得意だが、算数の文章題は苦手（逆なら大丈夫なことも）。
・漢字をよく間違え、覚えが悪い。
・字が汚い。
・問題（学校の宿題など）を解くスピードが遅い。
・作文が下手で、手伝わないと書けない（小4以上）。
・60分集中できない（小4以上）。
・机の上の勉強は心底嫌いそう。

　これらの一つ二つでもあてはまる子どもたちに、中学受験に取り組ませることは心配です。最初に上げた算数は、中学受験では鬼門とされています。算数の出来次第で合否が変わると言われるほど重要視されています。その算数が、学校の授業レベルで苦手意識があるようでは、中学受験の奥深い算数に、まず、ついていくことはできません。ほとんどの受験を目指す子たちは、学校の算数は得意で当たり前の状況です。中学受験はその中での争いと考えたほうが良いでしょう。算数が苦手な子は、その時点でハンデがあるのです。

国語も同じように、学校の授業内容よりもかなり読解が難しい問題が出ます。記述問題を出題する学校が多く、漢字の誤字脱字が多い子は不利になります。

「そうだとしても、塾に通い毎日のように勉強して頑張る子であれば大丈夫なのでは？」

　算数や国語が苦手な様子があっても、小学校低学年のときから塾に子どもを通わせ準備をすれば大丈夫なはずだと考え、早くから中学受験対応の学習塾に通わせて、子どもをなんとか有名中学へ進学させようとする親は多いです。しかし、残念ながら塾の力には限界があります。状態がなかなか改善しないことも多く、たとえ小１や小２から塾に通って頑張っていたとしても、地頭的な素質がない子は、小４や小５から入塾した地頭が良い子どもたちに軽々と追い抜かれてしまいます。塾に通う効果がないと言っているわけではありません。ただ、そんなに早くから塾に通ったとしても、小５や小６で解くような高度な内容をそんな小さな子どもが理解できる段階にないのが通常ですから、塾でやることは、計算練習や漢字の練習、基礎レベル学習の前倒しが中心です。早期から塾に通っても、ほんの少し先に進んで、演習量がほんの少し他の人より多いだけですから、地頭が良い子どもたちに小４，小５で簡単に追いつかれてしまうのです。残念ながらそれが現実です。

　塾にすがりたい気持ちはわかるのですが、親は、できるだけ冷静に客観的に、向き不向きを判断することが求められます。

受験するかしないかの判断はいつが「ベスト」か

　先程もお伝えしたように、小学生は４年生の後半から、特に高学年になると、学習内容の難易度が大きく上がります。そして、各教科の苦手、得意も子どもたち自身ではっきりと認識できるようになってきます。「この問題ちょっと考えれば自分でできそう、けどこの問題は、自力では絶対わからん。」など、ちょうど10歳頃からメタ認知する力が大きく育ち、さまざまなことが自己判断できるようになってきます。この「自分や周囲の状況を一歩上から客観視する能力」であるメタ認知力は、中学受験のような難問を解くために必要不可欠な力と言われています。受験問題は、一問一答や計算問題などに代表されるシンプルな問題は少なく、長い問題文の中からこの問題は何を求めているのか、答えにたどり着くには何が必要かを客観的に考える能力が必要です。そのため、このメタ認知の力が育っていないと、問題が解けないし、説明されても理解ができません。小学校低学年で受験レベルの問題が解けないのは、このメタ認知がまだ成長していない子がほとんどだからです。

　このメタ認知の力が大きく育つのは、一般的に小学校高学年と言われています。文科省の作った小学校のカリキュラムはよくできていて、この時期に学習難易度が上がり、抽象的な概念や複雑

な思考が学べるように設計されているわけです。

　したがって、中学受験受験をするかしないか、それに向いているかいないかの判断もその頃にするのがベスト_{・・・}ということになります。地頭の良し悪しや特徴がはっきりしてくるのもこの時期だからです。成長の個人差なども考慮し、受験準備や入学準備のことを考えると、小学５年から６年生の最初の頃までが最終判断時期として適切ということになると思います。

　実際に、この時期から中学受験を決断して、成功している子どもたちもたくさんいます。塾は、ビジネス的な視点もあり、低学年からの中学受験準備、スタートを推奨していますが、本当は、小５くらいに判断してそこから受験勉強をスタートしても、受験に向いている子であれば十分に戦えます。女優の芦田愛菜さんの実例（小６夏からの本格スタートで慶應大附属の難関中学に合格）をご存じの方も多いでしょう。
「そんなこと言われても、遅くとも小４ではスタートすべきだと受験専門塾は言うし、小５から間に合うのは天才だけ。普通の子は、小２や小３から中学受験は意識しないと準備できない。小５や６年での判断は無理。判断は早くしないと意味がない。」
と反論が飛んでくることは百も承知です。

　しかし、残念ながら、小学低学年になればなるほど、受験に向

き不向きの正確な判断は難しいため、どうしても、中学受験に向かない子、周りより成長が遅かったり、勉強ペースが合わなかったりする子たちが、この競争に巻き込まれ、精神的に深い傷を負ってしまう悲劇が後を絶ちません。

「お客さん」にならず、塾講師の反応から判断する

　では、この悲劇を避けたい方はどうすれば良いのか？　早くから中学受験準備をさせたいけれども、そこまで子どもを追い込みたくない、無理をさせたいわけではないと考える親はどうすればいいのか？

　答えは簡単です。それぞれの家庭の経済的、生活リズム的に無理をしない範囲で中学受験塾に子どもを通わせながら受験に備え、「この子は受験に向いてないと判断したなら、いつでもすぐに撤退する」と心の準備をしっかり整えておくことです。そうすれば、子どものメンタルをズタズタにするという最悪のシナリオをさけることができます。

　しかし、この判断は、簡単そうでそうではなく、できそうでできません。そこで、次に上げる注意点を意識しておくことで、判断の精度を上げる努力をしておきましょう。

・通っている塾の担当講師の本音を探る
・子どもの本音を見抜く

　大手塾には、毎年、必ず多くの「お客さん」がいます（中小の塾にもいますが）。「お客さん」とは、多額の授業料をいただいて

いるにも関わらず、本人にあまりにもやる気がない、実力とあまりにもかけ離れた志望校を目指して塾に来ている、授業についていけない、などの理由で塾講師から半分見捨てられ、「人的労力をかけても経営的に損失に繋がるのであまり力を入れられず、授業ではほぼ座らせているだけ。塾に行っている意味がない。」という状態にある塾生を指します。この「お客さん」は、高額で特殊性の高い親主導の中学受験塾では、最も塾生全体に占める割合が多いとされています。

　通わせている親からすればたまったものではありません。多額のお金と、貴重で取り返しのつかない子どもたちの成長盛りの時間が全くの無駄になっているのです。しかし、この「お客さん」の親たちは、自分の子が「お客さん」扱いされていることに気付かないことが多いです。そこにはさまざまな理由がありますが、多くの場合、「狂気」に侵されているためにそれが見えなくなっているケースが多いのです。

「偏差値は努力して勉強量を増やせば上がらないはずがない」
「最低限○○中学には行かないと格好がつかない」
「今の成績はいまいちだが、やれば必ずできる子だ」
「厳しく育てないと子どもは伸びない」
「塾は成績を伸ばすことが仕事で結果がすべてだ」

などの思い込みが激しい親や、自分のこと（仕事）に精一杯でよ

く子どもの状況を把握しようとしない親の子どもが「お客さん」になってしまいがちです。こんな「お客さん」になりたい人なんか、この本を読んでくださっている方のなかにはいませんよね？ 絶対になってはいけません。

　では、「お客さん」にならないためにはどうすれば良いのか？

　まずは、担当の塾講師の先生としっかりコミュニケーションをとりましょう。毎月話をする必要はありません。しかし、最低年に２回〜３回は直接話を聞いたほうが良いと思います。どんな塾でも個人面談を要望して、してくれない塾はないはずです。

　そして、次に、塾講師の本音を聞くため、この面談では、親側の要求ばかりを言ってはいけません。こちらの要求ばかりを言うと、塾講師は当り障りのないことを言い、本音を言ってくれなくなる場合があります。塾講師の持つ本音の中には、親にとって都合がよくない、言いにくいこともあります。それを言ってもらわないと意味がありませんので、あくまでも親は、「先生の意見」を真摯に聞く姿勢で臨んでください。その話の中で、親が注意深く先生の様子を見て言葉を聞けば、「お客さん」になっていればもちろん気付きますし、自分の子の受験に対する向き不向きはたいていわかります。それを参考にしない手はないでしょう。

　次のような塾講師の発言、態度がある場合は特にわかりやすいので参考にしてみてください。

● 「受験に向いている子」への塾講師のサイン

・学力が上のクラスへの編入を勧めてくる

・志望校をワンランク上げるように勧めてくる

・志望校に対して「大丈夫」と応援してくれる

・誉め言葉が多い

・担当塾講師自身が引き続き教えたいという気持ちが伝わってくる

・授業がよく理解できていると言ってくれる

・この調子で頑張りましょうというアドバイスしかない

● 「受験に向いていない子」への塾講師のサイン

・志望校合格は大丈夫ですか？　と聞くといい返事が返ってこない

・第二志望以下の話が中心になる

・もっとレベルが低い学校も受けておくように勧められる

・不器用な部分があると言われた

・もっと勉強しないと、塾授業をたくさんとらないと厳しいと言われた

・授業態度や家庭学習についてのダメ出しが複数ある

　塾の面談で、はっきり「お子さんは中学受験に向いていません。やめたほうがいいです。」と言われることはまずありません。特に大手塾の場合、塾生にやめられると自分の実績が落ちますから

なおさらです。本当は受験をやめたほうがその子のためだとか、もっと志望校のレベルを落としたほうが良いと思っていても、なかなか直接的に口に出して言えるものではありません。本音をできるだけ言うように努めている私でさえ、そのことを直接言うのではなく、できるだけ遠回しに親には伝えます。本当は優しく、子どもたちのためを心から思っている先生ほど、そうなることが普通です。

　ですから親は、塾講師の言葉を真に受けるのではなく、面談での様子をできるだけ客観的に観察して、子どもの学力や実力を塾講師がどう思っているのか、またはその塾が子どもにとって有効かそうでないかを判断するのに役立てましょう。大丈夫です。塾講師も生身の人間ですから、丁寧に質問すれば必ず気持ちは伝わります。

子どもの性格を分析する重要性

　また、子どもたちの本音を常に探っておくことも大切です。塾で授業をしていると、勉強にやる気がない、本当に勉強が嫌いな子どもたちは、問題を解くスピードが非常に遅いことが多いです。問題を解くときに、非常にゆっくりと時間をかけて解きます。また、こちらが少し目を離し他のことをしていると、こちらに気づかれないようにサボろうとします。幼い小学生がすることですから、塾講師はそのような態度にすぐに気づきます。しかし、家に帰れば、僕（私）は、「塾で頑張ってきた！」「楽しかった！」と言って親を満足させようとします。 しかし、よく問題集を見ると進みが遅かったり、答えを写していただけだったりすることが多いのです。

　そのような態度を親は見抜けないといけません。本音では、勉強がやりたくないのに、受験をしたくないのに、受験勉強を続けている子がいます。親に「受験をしたい」そぶりを見せている子がいます。その本音を無視し続けていると、小さなストレスが毎日のように積み重なり、やがてそれがいっぱいになり、いつかどこかで爆発するのです。

　そうならないためにも、親は子どもの性格を見ながら息抜きをさせることも必要です。受験前でも、勉強のことを考えなくてよ

い休日を定期的にとることは大切です。ただ、小5の後半になってもそのような「手抜き」のそぶりを見せる子は、やはり受験には向いていないと言わざる得ません。そこまで嫌なことを、今、無理矢理させる必要はないと思うのです。人生の大きな勝負はまだまだ先なのですから。変な手の抜き方を覚えてしまうと後々本人が苦労するだけです。

　逆に、勉強に手を抜くことを知らず、塾の受験勉強にとてもまじめに頑張り続ける子もいますが、これまた頑張り過ぎも禁物なのが中学受験なのです。この「まじめ」さは、一歩間違えるとプラスに働かない場合があります。まじめなこと自体はすばらしいことなのですが、先程も言ったように、中学受験問題は学校のテストよりけた違いで難しいので、「まじめ」だけでは乗り切れず、自分を精神的に追い詰めてしまう場合があるからです。

　中学受験にまじめすぎると劣等感の塊になってしまったり、必要以上に勉強嫌いになってしまったりする場合があるのです。いわゆる自己肯定感が育たないという恐ろしい状態になってしまう可能性があります。そうなってしまい、塾に、目の輝きを失って、毎日通っている子どもたちが一定数いるのです。本当に恐ろしいことですよね。

　そうならないために、親は勉強を一方的に押しつけるのではなく、本人の性格や実力（地頭）を客観的によく分析し、それに応じた志望校を決め、適切な勉強量や環境を確保してあげましょう。

それらをよく考えず、親の希望優先で決めた第一志望校ありきで、勉強環境を作ることだけは避けるべきではないでしょうか。

「ゆる受験」という考え方

　ここまで、「中学受験に向いてる子向いてない子」の特徴や判断方法を見てきました。

　簡単にまとめると、受験に向いてる子とは、普段の学校の勉強にはかなりの余裕を持って取り組むことができ、地頭が受験問題に対応できるだけの良さと柔軟性があり、なおかつ、受験勉強を楽しむ力があり、つらいときは逃げ道も自分で作ることができる「器用さ」もある子ということになります。

「そんな子いるの？」
「ハードル高すぎない？」
「それ以外の子はやめるべきなんてありえない！」

という声が聞こえてきそうですね。たしかに、これをすべて満たす人は少ないです。でも確実にいますし、そのような子が第一志望の中学へ合格していきます。中学入試で第一志望に合格できる子どもは４人に１人と言われている所以です。

　また、第一章で言及したように、中高一貫制度は、大学進学に向けた「飛び級制度」のようなものです。ですから、それに適した人は少なくて当たり前です。これが現実だという認識は持っておいたほうが良いと思います。そうでないと、今後、中学受験本

番の結果をまっすぐに受け止めて、次への一歩を子どもが踏み出すときに、適切なアドバイスをしてやることができません。

　ただ、この話を聞いて悲観ばかりする必要もありません。小学生の場合は高学年になっても、体はもちろん精神的な成長の個人差も大きく、したがって、さまざまな将来性の判断が難しい側面は確実にあります。実際に、中学入学後に予想外の成長を見せるときはよくあります。

　ときどき、この小さな私の塾でさえも、普通の小学校の勉強でさえそこそこにしかできなかった子（地頭が良いとは言えない）が、コツコツ勉強を続け、いつの間にか有名大学へ合格する力をつけていたという子に出会います。逆に、小学校では勉強を高いレベルでできていて一貫校に進学したのに、学年が進むにつれ頭打ちになったりする子も現実にいます。

　大切なことは、現時点での子どもたちの学力（地頭の良さ）と性格（勤勉性、好奇心、向上心など）を親ができるだけ客観的に分析をし、それに応じた志望校や受験判断（するかしないか）を、勇気を持って下すことです。そこに、淡い期待値やこうあらねばならないという偏見、努力の無理強い、塾への過剰な期待が加わると悲劇が起こるきっかけになってしまいます。

「ゆる受験」という考え方をご存じでしょうか？　私はこの考え方に条件付きで賛成です。

　４年生のカリキュラムが始まる３年生の終わりから本格的な受験態勢に入る子どもたちは「ガチ受験」で、１年遅れで勉強を始

めたり、スポーツや趣味と両立したりしながら受験する子どもたちを「ゆる受験」と呼ぶそうです。受験勉強に無理をさせず、個々のペースで勉強し、受かりそうな学校のうち、良さそうな学校があれば受験する。もしくは受験勉強に頑張れるだけ頑張って、志望校ありきではなく、合格した一貫校に行ければそれで良いという考え方です。

　この考え方に、次の条件をクリアする場合、私は賛成です。

・勉強が好きとまでは言えないが、「嫌い」ではない
・主な目的が「高校受験を避けたいから」ではない
・一般公立中学から高校受験するメリット（後述）は正しく理解している
・小学校の授業くらいは問題なくついていける
・偏差値にはこだわらないが、大学進学をほぼ既定路線として決めている
・子どもにも合格した学校へ進むことに迷いや抵抗がない
・合格した学校はそれほど遠方ではない（理想は片道30分以内、どんなに遠くても60分以内）

　地頭にそこまで自信がない、子どもは受験に向いてないかもしれない。しかし、一貫校のメリットは捨てがたい、そして、公立中にはどうしても行かせたくない。そんな方はぜひ「ゆる受験」の考え方を参考にしてみてください。この考え方のメリットは、

精神的に余裕がある状態で勉強に取り組めることです。入学後の中学でも、余裕を持って入学した学校なので、学校の授業内容についていけずに苦労する確率は下がります。前向きに学校の授業に取り組めるはずです。車で言うと、ハンドルに「遊び」がある状態で、主体性が付き始める思春期に、自分の判断でさまざまなことにチャレンジする余裕が生まれるはずです。もちろん、難関大へ向けて必死に勉強するように成長する可能性もあります。

　ただ、この考え方で、あまりにもレベルが低い（偏差値が低い）学校へ入学してしまうと、後悔してしまう家庭が出てくることがよくあります。こんなところなら、一般公立中学から高校受験すれば良かったとなってしまったり、子どもが完全に中だるみ（高校受験がないため）してしまい、能力を伸ばせなかったりしてしまうのです。

　そのようにならないために、次章以降の内容にもぜひ目を通してもらって、本当に中学受験がベストな選択かを熟考し、最終判断をしてもらいたいと思います。

第 四 章

親たちが知らない
不都合な真実

塾に行っても成績は上がらない？

　これまで見てきたように、中学受験では学校で習う授業範囲外の難問が出題されることが当たり前のため、受験を志した場合のほとんどは、中学受験対応の専門塾に通わせます。早い人では小学校低学年から、一般的には大手塾がカリキュラムをスタートさせる小学4年から、そして遅い人でも小学5年の夏頃までには塾に通わせ始めることがほとんどです。また、大手塾では模試を定期的に行っており、その結果に応じて学力別にクラス分けされている場合が多く、子どもたちは、通う塾内で競争しながら受験勉強を進めていきます。小学4年生のときから「偏差値」がついてまわるわけです。

　学習塾なしでの中学受験をする人がいないわけではありませんが、親にその知識があったり、親自ら情報収集や学習指導をして、子どものためにかなり時間を割けたり、家庭教師のサポートがあったりして初めて「対等の受験」が成立します。受験をしたいと子どもが自ら言い出したとしても、周囲のサポートなしに子ども自身が自分で学習計画をたてて、受験勉強を進めることはありませんし、年齢的にそれをできる子はまずいません。そこが、高校受験・大学受験とは大きく違います。

　この状況の特殊性と親たちの足元を見てか、中学受験指導をする塾の授業料は、一般的な塾より高額で年間100万円程度（そ

れ以上かける人も）かかるとされています。この塾費が原因で受験をあきらめる親も多くいます。

　当然、親としては、それだけのお金を投資するわけですから、

「子どもの成績は上がる」

「第一志望に届かなくても第二志望くらいは受かって当然だろう」

と思い込んでいる方がほとんどです。ひどい方になると、塾は「出来が良くないやる気がない子どもにやる気を出させ、勉強習慣もつけ、志望校合格に必要な力をつけてくれる、それがデフォルト（当たり前）だ。お金をたくさん払うのだから。」と思っています。まあ、そうとられても仕方がない宣伝をしている塾もありますから、そう思ってしまう気持ちもわかります。

　しかし、親は子どものために、そして親たち自身のためにも現実を知っておきましょう。

　そうなんです。現実はそう甘くありません。受験には向き不向きがあると前章でお伝えしましたが、塾に通ったからといって、受験に向いてない子が向いてるようには変わらないのが現実で、成績は上がらない場合が多いのです。

　ただ、安心してください。これは100％ではありません。そして、成績は絶対上がらないと言っているわけでもありません。子どもたちの将来が確定しているわけではもちろんありません。中学受験は子ども個人の成長差の影響を大きく受けます。今後、どのような伸びを見せるかは、それぞれ子どもたちによって大きく

違います。中学入学後のほうが、大学受験に向けて圧倒的に大事で、その6年間をどう過ごすかで子どもたちの可能性はいかようにでも変わります。そのような経験を私自身がたくさん見てきました。

　では、なぜ、こんなことを言うのか？

　親は「塾で成績が上がることは少ない」というこの現実を知っておくことが大切なのです。親は、塾に過剰な期待を抱き、成績が上がらない原因を指導者や指導方針のせいだと考えがちです。もしくは、自身の子育てやパートナーの考え方、経済環境のせいにしたりして、「子ども自身の適性」については軽視しがちです。周囲や本人の努力でなんとかできると思っていることが多いからです。場合によっては、成績が上がらない原因探しで家族全体の雰囲気を悪くし、子どもはもちろん、親たち自身のメンタルにまで悪影響を及ぼすことさえあります。受験が原因で「家族が崩壊する」とはまさしく本末転倒です。そういうことが現実に起きているのです。

　塾はもちろん、子どもたちに成績を上げてもらおうと必死で頑張っています。ほとんどの塾講師は、模試の結果に敏感で、結果が悪い場合は親たちの顔が目に浮かびます。「この結果で満足してくれないだろうなぁ。もっととれると思ってるんだろうなぁ。どう説明するかなぁ。」と思いながら次の授業への対策を打っていきます。そのように日々頑張っている講師がほとんどです。

　しかし、よく考えてみてください。同じように全員の子どもた

ちがそのような指導を受けているわけです。成績とは相対評価ですから周りとの差が偏差値に現れます。　同じような指導を受け、同じ学習内容を勉強してテストを受けるわけですから、この結果というのは、子どもたちの地頭の差がそのまま現れていると考えたほうが良いのです。　もちろん、塾間での指導方針の差、講師間での教えるのが上手い下手の差、子どもそれぞれの学習時間の差はあります。しかしそれは、世間一般にイメージされているより、そこまでの大きな差ではないのです。偏差値が大きく上昇することが少ないのはそのためです。

　もちろん、どんどん偏差値を上げていく子もいます。そのような子で一番よく目にするパターンは、成長が追いついてきた、前述した「メタ認知」が育ってきたことが理由である場合が多いです。その成長過程で本人の意識が変わり、勉強への取り組み方が変わってきます。小５辺りに変わる子が多く、中には受験直前の秋に覚醒する子もいます。

　このような場合、外から見ると塾のおかげで変わったと見えるかもしれませんが、塾講師から見れば、もともと持っていた能力が開花し始めた、成長してきたなと見えています。その子だけに特別なことをしているわけではないからです（もちろん性格に合わせたアドバイスはしますが）。

　塾は、効率的に受験問題を解く方法の指導と家庭学習へのアドバイス、志望校に関する情報と勉強しやすい環境（やる気を刺激する、ライバル心をあおるなど）の提供が役割で、そのために親

はお金を塾に払っています。確かに、先に紹介したマンガ『二月の勝者』の黒木先生のように、発言がすべて的確で、子どもたちの勉強態度をがらりと変え、成績を伸ばすことに秀でた先生もいるにはいるのかもしれませんが、そんな先生がそこら中にいるはずもなく、まず出会えることはないと思っておいたほうが良いでしょう。いくらお金を積んだところでもです。ドラマを見ながら「ありえない、ありえない、」と何度私もつぶやいたことか。やはりマンガはマンガです。

「この塾に偏差値を『10』上げてもらおう」

　そんなことを塾に期待するよりも、上がったら「超ラッキー」ぐらいのつもりがいいのです。塾講師はそれを目指して頑張ってくれているのですから、任せるしか方法はありません。それよりも、塾で得た情報を上手く使って子どもたちの適性（地頭や性格）を見極め、中学入学後にどのような学生生活を送り、どのような大学を目指してもらいたいのか？　何年生であれ、現在の偏差値を真摯にとらえ、それが大きくは変わらないであろうことを前提に、その適性に合った学校選択を、親は常に柔軟に考えておくほうが子どもたちのためになるのではないでしょうか。

学力と遺伝の関係

　前章では子どもたちの「地頭の差」について触れました。その個人差は非常に大きく、運動神経などと同じように持って生まれた遺伝の影響を受けます。この持って生まれた時点での能力差である遺伝については、教育業界では「タブー」の話題です。学校の先生が言おうものならとんでもない問題になるでしょうね。その根底には、私たちの心の中に、努力した者は、持って生まれた才能に関わらず、社会的に報われなければならないという暗黙の規範のようなものがあるからです。それがないと、能力主義の資本主義社会が成り立ちません。

　私も塾講師を始めた学生時代は、努力で成績は伸ばせるし、逆転は可能だし、遺伝的な能力差は確かに存在するのだろうけれども、本人次第で、そして、教育次第でどうにかなるもだと思っていました。しかし、その考えは、塾講師経験を積むにつれて変わっていきます。

　行動遺伝学という学問を知っていますでしょうか。行動遺伝学とは、私たちの行動や性格が、どれくらい遺伝子から来ているのか、またどれくらいの部分が育った環境から来ているのかを研究する学問です。

　双子には、一卵性と二卵性の２種類があります。一卵性の双子は同じ卵子から成長するわけですから、当然２人の遺伝子配

列はほぼ同じです。それに対し、二卵性は同じ母親父親からの受精卵なのに、約50%遺伝子配列が違うそうです。この違いを利用して、世界中の多くの双子たちの環境・体・行動の違いなど、膨大な量のデータを集め、そのデータを統計学的に分析します。それにより、人間のさまざまな行動（性格、病気、身体的特徴など）における、遺伝要因・環境要因の影響の関係性がわかるわけです。

　簡単に言うと、行動遺伝学は「私たちの性格や行動は、生まれつきのものと育ちの影響のどちらが強いのか？」を調べる学問ということになります。

　この行動遺伝学において、「学業成績」はどの程度遺伝の影響があるのか。気になりませんか？　私は昔からすごく気になっていたので、この行動遺伝学に言及しているさまざまな本や雑誌を数年来読んできました。特に参考になったのは、日本の行動遺伝学第一人者である慶應義塾大学名誉教授　安藤寿康氏の著書『日本人の9割が知らない遺伝の真実』（SB新書、2016年）で、その著書にはこのように書かれています。ここにその一節を紹介させてください。

「IQは70%以上、学力は50〜60%くらいの遺伝率があります。生まれた時点で配られた、子ども自身にはどうすることもできない手札によって、それだけの差がついているわけです。残りは環境ということになるわけですが、学力の場合、さらに20〜30%程度、共有環境の影響が見られます。そして、共有環境

というのは家族メンバーを似させるように働く環境のことですから、大部分は家庭、特に親の提供する物質的・人的資源によって構成されていると考えられます。親が与える家庭環境も子どもはどうすることもできません。つまり、学力の 70 〜 90％は、子ども自身にはどうしようもないところで決定されてしまっているのです。にもかかわらず、学校は子ども自身に向かって『頑張りなさい』というメッセージを発信し、個人の力で何とかして学力を上げることが強いられているのです。これは、科学的に見て、極めて不条理な状況といえるのではないでしょうか？」

　私はこの著書に出会ったとき、
「あっ、これが、私が長年日々感じているモヤモヤ、子どもたちから感じる閉塞感の正体だ！」と思いました。科学的に不条理な状態で、子どもたちは学力を上げることを強いられている。そのことが子どもたちを苦しめているのだと確信しました。
　そして、苦しんでいるのは子どもたちだけではありません。親もまた、このことを知らず、または正面からとらえようとせず、苦しんでいる人が非常に多いのです。
「私の育て方が悪かった」
「もっと子どもに努力をさせなければダメだ」
「もっと良い塾なら成績が上がるのではないか」
「どうすれば子どもは勉強にもっとやる気を出すのか？」
　これらの苦しみの多くは、子どもたちの遺伝的な要因を考慮に

入れずに抱いた親の希望や期待が、現実の子どもの遺伝的性質と、乖離していることが原因で起こっています。そして、その乖離が大きくなるほど苦しみも大きくなり、解決が遠のきます。学力は、努力で伸ばすことができる、お金をかけるほど成績は上がる、成績が良い子はすべての子が努力している。そういった、ある意味一方的な見方は、子どもを苦しめ、自分をも苦しめる結果になってしまいます。親の子育てが悪いから、お金がないから、子どもたちの成績が思うように伸びない、というわけではないのです。

　親は、子どもたちの、この遺伝的な要因を冷静に受け止めることが必要です。それは、成績を上げることをあきらめたほうがいいと言っているわけではありません。子どもそれぞれの遺伝的な能力（性格も含めて）に合わせた学習環境を整えることが、最も強く子どもたちの成長を後押しすることになるので、それを考慮に入れてほしいのです。

　そして、もう一点、よく誤解されがちな、学力と教育費の関係も見ておきましょう。

学力と教育費の関係

　公的、民間を問わず、さまざまな調査で、親の年収や学歴が低いなど、社会経済的に恵まれない家庭の子どもは、大学進学率が低い高校に進む傾向があることがわかっています。特に東京大学をはじめ難関大学に進学した学生の親の年収が、日本の平均年収よりかなり高いことなどは有名な話ですよね。

　東大学生委員会が21年3月に実施した学生生活実態調査によると、「東大生を支える世帯年収」が1050万円以上と答えた学生は42.5%、950万円以上1050万円未満の家庭は11.4%で合わせると53.9%で半分以上ということになります。日本の平均世帯年収は552.3万円（2019年 国民生活基礎調査の概況より）なので、かなり高いことがわかります。

　このようなデータから世間一般的には、子どもたちに学力をつけるためにはお金が必要、そして教育費にしっかりお金をかける余裕のある家庭の子は成績優秀に育てることができるというイメージがあります。

　しかし、ここには大きく見過ごされている点があります。このイメージからは、まるで、お金をかけたから子どもたちは優秀になる、中学受験を経験させ、お金はかかるが教育レベルの高い私立中学に入学させれば子どもたちを優秀にできる、という一種の「都市伝説」が生まれてしまいます。

「えっ？ 都市伝説なの？ 当たり前のことでしょ。」

　そうではありません。なぜなら、これらのデータは、学力と教育費の因果関係を示しているデータではないからです。確かに相関関係はあるのかもしれませんが、学力と教育費には相関関係があるだけで、因果関係はないとも解釈できるデータなのです。

　どういうことか？

　先程の東大のデータを再度考察してみましょう。確かに東大生の家庭は高収入の家庭が多いと言えますが、逆に、高収入の家庭でなければ東大に入学させることができないのかと考えると、そういうわけではないことがわかります。世帯年収、450万円未満の家庭が14.0％、450〜750万円未満の家庭は15.2％、合わせると29.2％で4人に1人以上います。また、大学生の親の年齢は、40代後半から50代の親が多いはずです。それを考慮に入れると、年代別の平均世帯年収は700万円を超えていますので、4人に1人以上の東大生は、世帯年収が平均かそれ以下の学生であるという見方ができるわけです。

　東大の入学者は、毎年約3000人です。少子化が進んだ現在でも18歳人口は110万人以上いますので、同年齢で東大に入学できる人は、同世代全体のわずか0.3％以下、1000人に3人もいない超がつく狭き門です。にもかかわらず、東大の4人に1人の学生の親は、中学受験をさせられるほどの年収がなくても（一般的に私立中学進学は、世帯年収が800万円以上いるとされている）、子どもを東大に入学させることができたという結果が出

ているわけです。

　こう考えると、「教育にお金をかけたら、成績は上がる」という因果関係は、このデータからは全く読み取れないことがわかります。もし、その因果関係が成り立つなら、ほとんどの東大生は、世帯年収が上位0.3％ほど、そこまでは言い過ぎとしても上位1％以内、1500万円〜2000万円以上世帯に生まれた子どもたちの集まりになってもおかしくないはずです。しかし、実際は、公的教育以外に教育費を十分にかけられないであろう年収450万未満の家庭が、14％もいるのです。

　つまり、このデータの見方は、教育費が子どもたちの成績を押し上げているという考え方ではなく、もともと才能があって勉強好きな子に、親は教育費をつぎ込みがちだという見方ができます。または、世帯年収が多い家庭（おそらく高学歴な親が多い）は、どのようにすれば子どもに勉強習慣をつけさせることができるかを知っている場合が多く、成績上位になることが多い、もしくは、遺伝的な能力に恵まれている確率が高い、という見方もできるかもしれません。

　現場で指導してきた私自身の指導経験からも、同じようなことを常々感じています。

「お金をかけたからといって、学力が上がるわけではない」

と感じるのです。週2回授業に通っている生徒が、倍の4回にしたから成績が上がる、苦手を克服する、満点がとれる、というわけにはいきません（そうなることもありますが）。もちろん、

1回より2回、2回より3回のほうが、効果は表れやすいことは事実だと思います。教育費をかけることに越したことはないのかもしれませんが、そのことが主要因で、その子の学力成績を大きく伸ばすことができるとは必ずしも言えない、というのが現場の意見です。

　親が、「よりよい教育のためにお金は必要で、教育費に投資するほど学力に有利だ」と考える気持ちはよくわかります。少しでも良い学校へ、良い塾へ行かせたい、より良い教材で、少しでもわかりやすく、効果的な授業を受けさせたいという気持ちは、親として当然です。

　しかし、一方で、お金をかけなくても、「同じレベルの勉強」はできることも知っておきましょう。日本の公教育は世界一優秀と言われています。小中高の先生たちのレベルも私立に劣るということはありません。本屋には安くて良質な問題集がたくさん並んでいます。スマホさえあればYouTubeで解説動画を無料で見ることもできます。ネットを使えば情報はいくらでも手に入ります。

　もし、家庭が教育費にたくさんのお金をかけることができない状況でも、学習塾に多額の費用がかかる中学受験を選択しなくても、それが原因で、将来、子どもたちの学力成績が伸ばせない、なんてことはないと知っておいてほしいです。

学習塾が出す宿題の表の理由と「裏の理由」

　話を中学受験に戻します。中学受験を目指す上で、教育費をかける先は、やはり学習塾です。先にも述べたように、中学受験を、学習塾なしで受験する人はほとんどいないと言ってもいいと思います。年間100万円かかると言われる費用とともに、親は子の受験を塾に託すわけです。そして、それを託された学習塾では、子どもたちに受験に必要な知識を教え、その知識を定着させる工夫をし、受験でできるだけ高得点がとれるように子どもたちを訓練していきます。そして、その過程で、ほとんどの塾は、「宿題」を毎回出しています。

　中学受験経験がある家庭の方にはわかると思います。実はこの宿題、多くの家庭で負担が大きく、子だけでなく親も苦労、苦心をしています。出される量が多すぎて終わらず子どもの睡眠時間が十分にとれない場合や、親が子どもに教えるしか宿題を終わらせる方法がなく、時間と負担が大きく親子にのしかかる場合、親が宿題の丸つけ、点数を計算しなければならない場合など、親は、この宿題の管理に時間と労力、そして精神力までも奪われてしまうことがよくあります。このことを知らない方は、

「えーっ！　なんで？　お金払っているのにどういうこと？」

と思うかもしれません。しかし、これは中学受験のあるあるの一つです。

当然、塾の宿題の出し方は、塾によってさまざまですが、その目的は同じ事が多いです。それには、表の理由と、裏の理由があります。

　表の理由は、中学受験対策塾の場合、学習内容の先取りや、学校でやらない受験独特の内容の授業をしますので、その知識の定着のため宿題が必要になります。教えただけでは解けるようにならず、演習量をある程度こなして初めてできるようになるからです。これは納得の理由です。

　それに対して裏の理由は、親に、塾は「子どもたちにこれだけの勉強量をやらせてます」というアピール、もしくは言い訳が必要だからです。

　例えば、親たちは、高額な塾費を支払っているにもかかわらず、家での勉強に余裕があったり、子どもたちの成績が思うように上がらなかったりすると、もっと宿題を増やして勉強させてほしいと思いがちです。直接そのように塾側に要望する親もいます。親たちは、子どもたちが受験に向けて、毎日、必死で勉強に取り組み、家庭学習を長時間していて当然だと考え、我が子がそういう状況でないと不安になったり、あの塾大丈夫かなと思ったりする親が多いのです。そのことを熟知している塾側は、本当に必要な宿題の量より少し多めに宿題を出したり、優秀な子に余裕を持たれ過ぎても困るので、他の子どもたちが「しんどい」のを承知で、普通の子は自力で解けない難しい問題まで宿題に出したりします。

　さて、この宿題を出される「子どもたち側」はたいへんです。

たまったものではありません。中学受験塾は、その性質上、個別指導塾が少ないため、志望校や個々の学力に合わせて適切なレベルの、適切な量の宿題を出せている塾は少ないはずです。大手塾を中心に、今述べたような理由で、多量の、そして、難しい問題を含んだ宿題が毎回子どもたちに与えられます。それを子どもたちは、毎日のように自分で解かなければなりません。しかも、難しい、わからないとそれを放置すると、塾からも親からも怒られます。

　答えを渡されていて、それを丸写しすれば乗り切れるなどの逃げ道がある子どもたちはまだましです。そういった逃げ道もなく、または、そのようなずるが苦手でまじめな子たちは、どうにか宿題をやりとげようと睡眠時間を削って頑張ります。しかし、小5、小6と難易度が上がってくると限界に達し、まだ、親に反発することもできない思春期前の小学生は、自分ではどうすることもできず、わからない、できない、と泣きながら親に訴えるしか方法はなくなってしまいます。高校受験生や大学受験生と違い、参考書を自力で読み、答えを自力で見つけ、それでもわからないときは答えの丸暗記や丸写しで要領よく宿題をこなすようなことは、この年の子たちにできるはずもありません。

　そして、泣きつかれた親たちは、塾の授業についていくため、子どもの宿題に一緒に取り組むことになります。解ける親は、まだいいのですが、国立大学医学部生が解けない難問が、素人の親たちにすぐに解けるはずもなく、問題集を片っ端から調べながら

解法を探しなんとなく理解し、この教え方で大丈夫かなと半信半疑で、子に宿題の解き方を教えます。それが毎回、毎週のように深夜まで続くと、さすがに子どもたちはもちろん、親たちも宿題のためにだんだん疲弊していくといった状況に陥ります。

そんな勉強が、お子さんの学力にプラスになるとは到底思えません。勉強で最も大切な好奇心や達成感を感じることができないからです。目の前の勉強が、「やっつけ仕事」になるのです。たとえ、それで受験をなんとか乗り越えることができたとしても、受験後の勉強にマイナス面で影響します。

しかし、そういった光景が、残念ながら多くの家庭で見られるのです。経済的に余裕がある家庭では、塾の宿題を解説してもらうために、優秀な家庭教師を雇う家庭が多いのはこのためです。こうなってしまうと、塾の宿題は、本当に必要なのか？ あやしいですね。本来は、表の理由だけの、その子にとって適した必要な質と量の宿題を出すことが望ましいことは言うまでもありません。

ただ実際は、塾側の都合で個々に合わせた宿題を出すことは、さまざまな面で難しく、個別指導でない限りそれは難しい現実があります。また、量が多い宿題を望んでいるのは親たちであるという点も、子どもたちに塾の宿題が重荷になっている大きな理由です。そのことを、読者の方には知っていただき、我が子が宿題に苦しんでいる場合は、一緒に解くことはそこそこに、問題の取捨選択をしてあげるとか（捨て問題を作る）、塾側に量や質を交

渉するとか、何らかの対策をとってもらいたいです。

　このように、教育費をかけることは、いいことばかりでもありません。それが子どもたちにとって適切かどうかは、親が慎重に判断しないと、子どもたちや受験を支える家庭が健全な状態でなくなる可能性まである、そういった「落とし穴」が身近にあるということを知っておいてください。

「勉強をしない子」「向いてない子」の受験をどうすべきか

　それでは、これらのことを踏まえて、中学受験に対して親はどのように対策を進めていくことがいいのか？　受験に向いてない子は受験すべきではないのか？「勉強をしない子」にどう対処すればいいのか？　を考えてみたいと思います。

　まず、一番大切なことは、親が、我が子はどのような個性を持っていて、現状の学力は、地頭の良さはどうなのか？　中学受験をする他の子と比べてどのレベルに現状いるのか？　できる限り冷静に、客観的に、その能力を常に分析しておくことです。

「そんなことくらい毎日一緒にいるのでわかっている！」と言われてしまいそうですが、案外、「地頭」の部分の分析ができていない親が多いと感じます。子どもたちがテストなどを解いて問題を間違ったとき、どうして間違ったのか、その問題のどの部分が理解できていないのか、なぜ理解できていないのかをよく見ると、子どもたちの地頭の良さや成長段階、どのような問題を今後やらせることが適切か、が見えてきます。

「そんなこと、プロの塾講師しかわからない。任せるしかないのでは！」

　その通り、それを判断するのは塾側の仕事です。プロの講師ならば、常にそれをやっています。しかし、塾講師だけに判断を任

せた場合、そこに塾経営の論理が働き、純粋に子どもたちにとって必要なものを与えてない場合が多々あります。

　例えば、この塾にこの子は合っていないなと判断したとしても、辞めてほしくない場合は言わずに放っておかれてしまうこともありますし（先ほど出た「お客さん」状態）、志望校は○○だから適切な問題よりもハイレベルの問題集にしておこうとか、このクラスの偏差値目標は○○だからこの量はしなければならないなど、クラス全体や塾全体を見てしまうため、学習内容が個々の子どものレベルと合わないものになってしまうときがあるのです。先ほど紹介した塾の宿題などはその典型例かもしれません。

　そのようなとき、親が子どもの地頭をある程度分析し、実力を冷静に受け止めていれば、さまざまな面から子を守り、受験についても適切な判断が可能になります。転塾したり、問題の取捨選択をしたり、志望校を変更したりすることが容易になります。

　大丈夫です。相手は所詮小学生が解く問題です。難問であっても、詳細な解答さえあれば、大人が理解することはそう難しくない問題が大半です。または、わかる問題だけで分析しても大丈夫です。受験直前にあわてて分析しようとせず、小４小５のときからテストで間違った問題を、親がその気になって、解答を理解し、我が子はどこが理解できていないかを分析し、その部分を解説してやれば、お子さんの反応で、その子の本当の力を知ることができます。

　いつもでなく、たまにでも良いので、そうやって、お子さんの

学力を肌で感じる機会を定期的に作っておくと、親の希望が子の「適切なもの」と大きくかけ離れることも少なくなり、あらゆる判断が、子どもたちの助けになる確率が上がります。中学に入ると、一緒に勉強してくれなくなる子がほとんどですから、貴重な今の時期、お子さんと楽しみながら、挑戦してみてください。どうしても、親自身ができない場合は、信頼できる、本音を言ってくれる第三者に（受験経験や指導経験がある人）にセカンドオピニオンをもらうことも良い方法かもしれません。

　このように、「勉強をしない子」に対しては、その分析を進めることで、学校の勉強や塾の勉強に地頭がついていけずに勉強をしないのか、それとも、地頭には余裕がある、勉強はそこまで苦にしているわけではないにもかかわらず、受験に魅力を感じず勉強をしないのかがわかるはずです。

　その結果、中学受験への判断も容易になり、志望校選びも根拠を持って行うことができます。通っている塾からのアドバイスも、素直に受け止めやすいはずです。前章で上げた「受験に向いてない子」が中学受験を選択する場合でも、志望校選びに親が肌で感じた学力が多いに役立ち、ストレスで精神的に子どもを傷つけることなく、その子に合った学校を選ぶことができる可能性が高まるはずです。

　そして、この子どもたちの「分析」の他に、もう一つ、「悲劇」を避けるために大切なことがあります。それは、志望校をどこにするのかを決める思考順路です。

　多くの人は、次のような順路で志望校を決めています。

「少しでも良い大学へ行かせたい」→「中学受験をすることが得策だ」→「○○中学や○○中学が実績もあり魅力的だ」→「中学受験対策塾へ行こう」→「えっ！　この子の偏差値はこの程度！？」→「塾にはしっかり頑張ってもらって、家でも勉強させて第1志望校を目指そう、第二や第三志望には最低でも受からなきゃ！　そこしか良い大学へは行けないかも」

　この思考順路では、子どもたちが最も力を発揮できる進路を選べない可能性が高まり、子どもたちを精神的に追い込む結果になることもあります。次のような思考順路を意識すれば、その可能性を大きく下げることができます。

「少しでも良い大学へ行かせたい」→「子の現在の地頭はどれくらいか、性格の向き不向きを分析してみよう」→「中学受験に向いてるか向いてないか判断はつかないが、とりあえず受験はさせたいので塾へ行こう」→「えっ！　この子の偏差値はこの程度！？」→「しっかり勉強はさせるが、子どもの様子を観察して、地元の公立中学も含めて進学先を柔軟に決めよう」→「進学した中学で上位がとれれば勉強に対して自信がつく、そこからさらに上を目指そう」

こういう思考順路が、失敗が少ない中学受験になります。

高校受験や大学受験と違い、年齢的に、子どもたちが主体性を持つか持たないかで、本番を迎えてしまうのが中学受験です。したがって、親の志望校ありきでスタートすると、子の実力や希望がそれに合わないことが起こりやすく、当初の親の期待と違って、子の可能性をつぶす結果になりかねません。「少しでも良い大学へ」と願う親ならば、「偏差値が少しでも高い中学へ」、「地元の公立中学ではダメ」という考えは捨てましょう。子どもの可能性を最大限伸ばすために、可能性をつぶすような受験になる行動には慎重になるべきでしょう。

それでは、次章で、ほとんどの中学受験で大前提となる大学受験において、近年非常に大きな変化が起きていることについてお伝えしたいと思います。「少しでも良い大学へ」と願う親に、ぜひ一読いただきたい内容です。

第 五 章

親世代と大きく違う 「大学受験」

激変する大学入試方式

2021年度から、複数回テストをする・しない、記述式を導入する・しない、英検を試験として採用する・しないなどのすったもんだの末（結局全部しないことになった！）、大学入試センター試験に代わり「大学入学共通テスト」がスタートしました。これからもどんどんマイナーチェンジがあるようですが、大きな流れとして、「思考力・判断力・表現力」等を多面的・総合的に評価する試験を目指すそうです。

これを受け、各都道府県の教育委員会で作成される高校受験問題も、「思考力・判断力・表現力」を意識し、徐々に共通テストっぽくテストが変化しているように感じます。高大接続改革を謳っているから当然かもしれません。

では、具体的に、私たち親世代のセンター試験からどう変わったのか？

簡単に、個人的に感じる印象をまとめさせてもらうと、各教科で、問われていること自体の難易度は大きくは変わらないけれど、問題が、できるだけ実社会や実用問題に関連付けられているため、平均的な、または平均以下の国語力の人や、読解力を必要とする「何を聞かれているか」を察する勘が鈍い人にとっては、難しくなったなという印象です。そして、思考力が問われるため、テストの文字数が過去と変わらない場合でも、図や挿絵などの情報量

が多く、処理能力（スピード）がより必要になった印象です。

　つまり、多くの平均的な高校生にとっては、共通テストはかなり難しくなった、難化したと言えるのではないでしょうか。

「えっ！　共通テストの平均点は、センター試験の過去の平均点とあまり変わらないけど」

という意見がありますが、実際、平均点の推移は大きく変わりません（一部の極端な教科や年度を除くと）。

　それには二つの大きな理由があると考えられます。

　一つ目は、平均点を押し下げていた層が共通テストを利用しなくなってきているという理由です。2017年度の大学入学者の人数は、約63万人、2022年度は約64万人で若干増加しているのに対し、前者のセンター試験受験者数は約55万人、後者の共通テスト受験者数は約49万人で6万人も減少しています。これは、後で詳述する、私立を中心とした推薦試験制度などの拡充も一因でしょう。高校普通科卒業生はほぼ全員、当たり前のようにセンター試験を受けていた親世代の風習は、過去のものになりつつあります。

　二つ目は、選択科目の多様化です。近年、国公立大学でも科目選択の幅が大きく広がり、傾斜配点（科目により満点数を変える）を採用する大学も増えています。例えば、10年以上前のセンター試験の時代では、国立の芸術系大学でも、数学や理科のテストが必修科目にされることが多く、5教科6科目である程度の点数をとらないと合格できないことが普通でした。しかし、現在は、私立

と同じように3科目で良いとする大学も増えてきており、苦手教科は受験しなくてもよくなっています（芸術系だけでなく、文系学部を中心に数ⅡBや理科を選択しなくてよい大学は増えている）。また、共通テスト導入とは関係はありませんが、2015年から、理科には、化学基礎、生物基礎などの基礎科目が新設されており、化学、生物と比べると、知識量が圧倒的に少なく済む科目があります。文系学部は、ほぼすべての大学で、この基礎を選択することで受験ができ、一部の理系学部でも受験可能となっています。つまり、受験者の負担は、親世代の頃より軽減されている部分も多く、国公立大学の多くの学部学科で得意科目に集中して勉強することが可能になっています。従来通りの5教科7科目受験の大学も多いのですが、得意科目だけで受験できたり、傾斜配点を利用することで、力配分を主要科目に集中して勉強できたりする大学が増えていることは間違いありません。国公立大学に限ってみても受験方法は多様化していることになります。

　これだけではありませんが、主にこういった理由で、共通テストは難化しているにもかかわらず、平均点は維持されているわけです。

私立大学入試「多様化の真実」

　私立大学受験については、もっと多様化が進んでいます。センター試験利用（今は大学入学共通テスト利用）というものが昔からありましたが、現在は選択科目がさらに多様化していることに加え、一般入試（複数日程、複数種類の選択が可能）、学校推薦型選抜（指定校推薦・公募推薦）、総合型選抜、これらそれぞれに対して専願のみや併願可能など、受験方法は本当にさまざまです。これに、各大学学部学科に受験科目選択や民間の英語試験利用などの要件があり、それが毎年のように変わる大学もあるわけですから、希望する主要な大学の受験条件さえ、すべて記憶することは困難です。どの入試を選択することが最も有利なのか？　正直、大学受験は情報戦の様相を呈してきました。

　私立大学では、10年ほど前から、この総合型選抜（旧AO入試）と推薦型選抜での入学者数を合わせると、全体で50％を超えています。有名大学ではそこまでの割合はないと考えられがちですが、私立の雄、早稲田大学では、2016年度からAO・推薦入試での募集割合を4割から6割に引き上げました。つまり、有名大学も例外ではありません。

　これには、多くの批判もあります。当然、大学生の学力低下が懸念されるからです。早稲田大学のこの発表のあと、「早稲田はどうしちゃったんだ！」という批判が、SNSを中心に多く上が

りました。しかし、この流れは日本全国の大学で進んでいます。公平性を重視する国公立大学でさえ、推薦枠を現在の２割強の状態から３割にすると目標を定めています。５割にしても良いのではという議論さえあります。東大ですら推薦入試を 2016 年から導入していることをニュースなどでご存じの方も多いでしょう。

　つまり、大学側にはペーパーテストで測れる学力以外に、学生に求めている何かがあるわけです。入試が多様化している理由がそこにあるはずです。

　実は、早稲田大学では、この AO 入試（現総合型選抜）で入学した学生のほうが、大学内での成績が良いという事実があるそうです。その結果、この選抜方法は 2032 年まで引き続き拡大される予定です。また、AO 入試の次に大学内での学業成績が良かったのは推薦入試で入学した学生だそうで、早稲田大学では世間的に懸念される「学力問題」は例外と考えられています。

　総合型選抜入試、推薦入試では、当然面接の比重が大きくなります。そこで、人物をじっくり評価することにより、入学後の学習態度をある程度正確に予測でき、学力テストでは測れない、本人が持っている「将来やりたいこと」に対する熱意を感じることができます。だから、学校に貢献してもらえる、立派な社会人に育つ可能性も高い生徒を獲得することができるのかもしれません。大学の勉強についていけるかいけないか、最低限の学力があるかどうかの見極めは、一般入試ほどの難問でなくても確かに可能ですよね。普段学習ができていない人や最低限の学力がない人

は、面接の口頭試問で簡単に見破れます。

　これに似た話は、昔からあります。私自身は、ある国立大学の工学部出身なのですが、工学部では、４年生になると各教授の研究室に配属され、そこで教授の監督指導のもと卒業研究に取り組みます（これは、どの学部大学でもほぼ同じです）。そのとき、私が所属した研究室の教授が、何度もこう言っていたのをはっきり覚えています。

「一般の入試ルートで入ってきた学生より、推薦入学や高専から編入してきた生徒のほうが勉強熱心で信頼できる子が多いんだよねえ。一般の学生は、とにかくサボるやつが多い。」

　おそらく、中学受験や高校受験に始まり、正規の入試ルートを競争して勝ち抜いてきた人の中には、大学入学がゴールと思っている人が多いのではないでしょうか。

　親や塾に厳しく管理され、受験勉強を必死の思いでやり抜いて合格した。そして、念願の大学生活（多くの子たちは一人暮らし）。やっと一人で、自由に好きなことをできる。一般入試で合格してきた人たちは、そのような解放感でいっぱいになるのでしょう。そうなると、大学では遊び中心の生活になってしまいます。はい、私がそうでした（笑）。大学側は私のような学生より、本当の意味で熱意のある生徒が欲しいのかもしれません。

　ただ、もう一つ、私立大学の入試が多様化していて、この流れが拡大する大きな理由があります。今述べた理由が「表」とするならば、これから述べる理由は「裏」になります。

それは、大学偏差値ランキングの維持です。

　私立大学の収入源の８割は、学生からの授業料と言われています。そして、１割ほどが国からの補助金です。その他は寄付金や、入試の手数料などでまかなっているわけですが、当然、生徒が減ることが最も収入減につながることは明白です。少子化の中、入学者数の確保は、私立大学にとって至上命題です。

　しかし、生徒をたくさん欲しいからといって、入学者定員を大幅に増やし、門戸を広げると、入学者の偏差値レベルは下がります。いわゆる偏差値ボーダーが下がってしまい、大学入学の難易度ランキングも下がる結果となります。大学ブランドに傷が付くことになりかねません。そこで、中堅以上の各私立大学は、入学方法を多様化することで、この入学偏差値ランキングを維持しながら、生徒数を確保しようとするのです。

　実際、有名大学へ分類され、中学受験を選択する親が子どもの進学先として、最低ライン（あくまで親の希望）として設定することの多いMARCH（明治、青山学院、立教、中央、法政大学）、そして、ランクはその下とされる日東駒専（日本、東洋、駒澤、専修大学）あたりはこの戦略をとっているのではないでしょうか。関西圏では関関同立（関西学院、関西、同志社、立命館大学）とその下の産近甲龍（京都産業、近畿、甲南、龍谷大学）あたりがこの中堅大学になります。

　マンモス校で有名な明治大学の一般入試で入学者数を見てみると、2009年は、全学部統一入試と学部別一般入試の合格者数

合計が約 3 万 1000 人、同 2022 年が約 1 万 8000 人（明治大学HP より）ですから、「一般入試」（センター利用を除く）という枠では合格者が大きく減少しています。しかし、大学入学定員は約 6500 人から約 8000 人に増加していますから、やはり一般入試の難易度は高く維持されていると言えるのではないでしょうか。

　もちろん、この数字は、私立定員厳格化（文科省が全国の私立大学に定員の厳格化を通達）の前と後の数字なので、これだけを見てどうのこうのと言っても仕方がないのですが、大学受験の現場では、「私立大学の一般入試は合格が難しく、その大学を滑り止めに使う目的でしか受けない。」という見方さえ定番になりつつあります。これらの大学を本気で第一志望とする場合は、一般入試以外の入試方法を模索するのです。

中学受験と大学附属校の存在

　このように、どんどんと多様化する大学受験方式ですが、大学進学を前提とする中高一貫校のほとんどでは、当然、通常の学力試験からの大学進学、大学入学共通テスト・国立2次、私立有名大の一般入試で、戦う力をつけるためのカリキュラムを売りにしています。総合型選抜や学校推薦型選抜については、一般入試で戦うつもりでいながら、結果的にそちらを利用することもあるという程度のスタンスが多く、各学校は、この一般入試でいかに実績を上げていくかにこだわることが多いです。そういう見方をすると、推薦や総合型選抜に向いてる子にとって、一貫校は「非効率的？」とも言えなくはないですね。

　ただ、中学受験の場合は、特別なルートがあります。それは、大学附属校の内部進学です。中学受験を希望する場合、この内部進学を目的に学校選びをする親たちが大勢います。このようなことは、かなり以前からあったと思いますが、最近の中学受験ブームでさらに過熱していることは間違いないでしょう。

　先に挙げた中堅大学の多くは、附属高校や中学（一貫校）を持っています。しかも複数校持っている大学も多いです。早稲田や慶應も附属校があることは全国的に有名ですね。内部進学率が95％以上となっている学校もあります。

　都市圏に住む人を中心に、どうしても地方の大学や、偏差値の

低い私立大学への進学は避けたい親が多く、子どもを有名大学へ入学させようと必死になります。そして、親たちは、行かせたい有名大学は、どこも厳しい一般入試を合格しなければならないことを知り、受かる保証がほしいと考え、今のうちに、この大学附属中学に合格しておけば、後が「楽」だと考えます。

　ただ、そう甘くはありません。このように考える人は非常に多く、みなが進学したい、有名で難関な大学の附属校ほど、当然、受験はかなりの「難関」です。私の個人的な意見としては、大学の一般入試で受かる難易度とそう変わらないか、それより難しいのかなと思います。実際に、各附属校の中学受験、高校受験における偏差値を見ると、大学受験一般入試に必要な偏差値と変わらないか、それ以上に難しい学校が多いです。ただし、偏差値はテストを受ける母集団によりその数値の意味が変わってきます。したがって、単純にそれぞれを比較することは難しいので、これはあくまでもそう思うという話ではありますが、難関有名大学附属校の中学入試ほど、競争が激しいのは言うまでもありません。

　つまり、内部進学を狙うといっても、大学受験が中学受験に前倒しになっただけで、小学生のときに大学受験競争をやっているようなものだとも言えます。高校生のときに大学受験勉強を頑張るのか、中学受験時、または高校受験時に頑張るのか、それだけの違いに見えます。

　ただ、有名大学側は、将来、もっと上の大学へ進学できる可能性があるような優秀な子を、中学の段階で集めることができるの

で万々歳です。そのほとんどの子たちが、自分の系列大学へ進学してくれるわけですから。まさしく、青田買いですね。

　そうなんです。問題はそこにあります。

　実際、内部進学率がかなり高い大学附属校では、勉強に身が入らない子たちが一定数必ず出ます。なぜなら、勉強しなくても、学校内でそこそこまじめにやっておけば、内部進学で有名大学へ進学できる。わざわざ、苦行してそれ以上の大学に行かなくても楽しくやろうぜと思う子どもたちがたくさん出るのです。伸び盛りの年齢で、しかも、中学受験を潜り抜けた勉強に才能がある子どもたちが、手抜きで大学まで進学してしまう。手抜きとまではいいすぎかもしれませんが、どこまでやれるのか、本気で自分の限界に挑戦しようとする人は少ないでしょう。

　これを「もったいない」と思うのは私だけではないです。これは、日本の損失です。先に述べたように、大学入試は多様化し、どの大学も入りやすくなっているとも言えます。中学入学後、内部進学という制度がなければ、子どもたちは、受験勉強に主体的に取り組み、もっと自分に合った大学学部で、自分ならではの興味を発掘して、自分の可能性をもっと広げることができたかもしれません。

　ただ、当の本人たちは、すでに有名大学進学が保証されているようなものなので、親も子も内部進学で十分満足しているという

人は多いです。そのために中学受験を頑張ったという人も多いと思います。それでも良いと思うのですが、小学校や中学校の時点での才能はピカイチの子たちですから、もし、本人がもっとやりたいと言い出したときは（他の大学へ進学したいとき）、ぜひ、親は背中を押してあげてほしいものです。

少子化の影響は想像以上

　もう一つ、近年の大学受験を語る上で、外せないのが少子化の影響です。学習塾で親たちと話をしていると、このことについて、詳しく知らない方が案外多いと感じます。実際は、みなさんが想像している以上にいろいろな方面で少子化の影響は大きく現れています。

　私は、20年以上毎年、自分が経営するフランチャイズでもない個人塾で、大学受験をする高校生や予備校生を学習指導してきました。大手の進学予備校とは違い、個人で経営している個別指導塾ですので、私が指導してきた生徒たちの多くは、偏差値が40〜60のボリューム層に当たる子どもたちで、学力や地頭のレベルは本当にバラバラです。この環境で子どもたちを長年指導していると、模試の結果と偏差値を詳しく分析しなくても、大体の肌感覚として、「この子は、この大学なら受かるんじゃないかな」とか「この大学はまず無理だ」とか「国立はどこも絶対受からないだろうな」などの判断ができるようになり、その予測のようなものは大体当たります。

　しかし、驚くことに、ここ10年くらい前から、そして、特に近年、「国立はどこも絶対受からないだろうな」や「この大学はまず無理だ」と思っていた子が、その大学に合格することが「ときたま」起こるようになってきたのです。20年前では考えらな

いようなことが起こるのです。地方の、1店舗しかないこの小さ
な塾で、ときたまでも複数回起きるということは、偶然ではあり
ません。大きな目で見ると、確かな流れです。また、これは、子
どもたち全体の学力低下が起こっているわけでもありません。先
に述べたように、難化していると感じられる大学入学共通テスト
の平均点に大きな変化はありません。

　大手予備校の河合塾の受験分析担当者は、「大学受験はゆるく
なっている」という発言をしています（2023年6月27日日本
経済新聞記事）。入試競争率が、私立も国立大学も低下する傾向
が明らかになっているそうです。

　優秀な層もそうでない層も、それぞれの層で全体的に子どもの
数が減っているため、定員数が変わらない大学は、どこも受かり
やすくなっているのです。国公立大学も含めて、各大学の大学内
格差は広がっていて、一見、大学入学難易度ランキングは変わら
ないが、過去と比較すると学力ボーダーラインの低下が起きてい
る。受験の現場では、そのことを強烈に感じています。

　このことは、日本の人口データを見ると、当たり前のことなの
です。

　20年前の2000年代前半から、200万人近くいた18歳の人口
は、150万人を割り込んで一気に減少していきます。そして、約
10年前に120万人ほどなりしばらく横ばいが続き、近年ではさ
らにそこから徐々に減少し、現在では110万人を割り込んでい
ます。つまり、たった10年〜20年ほどで、18歳全体の人口が、

20％以上も一気に減ったのです。これはすごい数字です。偏差値のベルカーブは変わらないわけですから、各学力レベル層の人数が、それぞれ20％ほど減ると考えられます。

　この18歳人口が大幅に減った期間、全体の大学の定員数はどう変化しているのでしょうか。

　私立大学は、先ほど述べた経営的理由で、大学閉鎖、学部廃止などをしない限り定員を減らすことを普通しませんから、新たな大学設置や学部増設で微増ですが増えています。先に出た有名大学である明治大学などは1500人も定員が増えていました（20％増加！）。

　一方、国立大学定員はほぼ横ばいで推移していますが、なんと地方では、経営難の私立大学に県や市が出資して、公立化するという動きなどが出てきて、公立大学は大きく増え、20年前の75大学が、令和4年時点で99大学と30％も増えています。

　つまり、私立、国公立大学とも全体で見ると、定員数は確実に増加しており、学力上位層、下位層の大学に分けて考えても定員の減少は見られない状況です。

　極端な言い方をすると、各大学は、中学受験が一般的ではなかった20年前と比べ、「20％以上も入りやすくなっている」と言えるのです。これが、毎年、私が現場で感じている、「この大学はまず無理だ」という感覚なのに、合格する生徒たちが増えてきている理由でしょう。

　それでも、

「少子化でも、大学志望者数全体が増えているから競争率は一緒では？」

「少子化でも、上位大学では入学しやすくなっているとは思えない。」

という意見はあります。

　確かに、大学志願者総数は増えています。しかし、20年前から比べると、弱冠数増加しているだけです。2022年の大学志願者数が約64万人に対して、20年前は約61万人なので、わずか5％の増加です（文科省データより）。これは、20％以上という人口減少に比べてかなり少ないので、競争率の増加には寄与しません。また、全体人口が減るということは、それに対する大学志願者の割合が増えるわけですが、偏差値のベルカーブ（学力分布）が変わるわけではないので、入学難易度への影響はないに等しいでしょう。むしろ、学力下位層には上位大学入学のチャンスが増えているのです。

　上位大学の競争率についてはどうでしょうか？　前出の河合塾の分析記事によると、

「2～3月に実施される一般入試の倍率低下が続いています。首都圏の私立大の半数は平均倍率が2倍未満。国公立大も首都圏では3倍を超えているものの地方では2倍台前半です。私大は年内に合格者を決定できる総合型選抜や学校推薦型選抜を拡大しているが、この年内入試の倍率は1倍台でほぼ全入になっている。国立大も後期入試では実質1倍強の大学がある。欠員補充のた

めの２次募集も年々増え、今春は13大学が実施した。」

　やはり、地方を中心に、国立大学でさえも倍率は低下し、20年前では考えられなかった、「欠員補充」が増えているのです。今まで国公立大後期入試のボーダーラインは、前期入試よりも高いことが常識で、模試を実施する各社の合格判定基準は今でもそれを利用していますが、受験が終わってフタを開けてみると、前期で合格した生徒たちより学力が低い生徒が後期で合格した、ということがよく起こるのが近年の状況なのです。それくらい、上位大学でも志願してくる学力優秀者の数が減っているということです。

　これは、東大京大などのトップ校でも例外ではないようです。テレビでよく見かける東進ハイスクールの林修先生（東大出身で同予備校の看板講師）も、数年前からはっきりと、「今の東大生は、私たち世代よりスッカスカ（学力が低い層までいるという意味）だ。」と発言しています。

　少子化の影響は、間違いなく私たち親世代が一般的に持つイメージのはるか上を行っています。私たち親世代が大学受験を受けたのは、約20年から30年前といったところでしょうか。18歳人口のピークは、30年前の1992年の約205万人（多い！）ですから、18歳人口は現在より、倍近くも多かったのです。ちょうどこの頃、今の親世代の人たちは大学受験を経験しています。最も、大学受験が厳しかった時代と言ってもいいでしょう。

　ということは、親世代の頃の感覚で、大学受験を考えては、子

どもたちの進路について的確な判断ができるとは思えません。先に述べたように、大学側の戦略も大きく変わってきています。大学受験競争を上手く戦い抜くためにと、中学受験競争に身を投じていく親たちは多いですが、今一度冷静に、今の多様化された大学受験を目指すために、本当に中学受験が子どもたちのためになっているかどうか、小学低学年から学習塾にそこまで投資をする必要があるのかどうか、再考する価値は十分にあるのではないでしょうか。

６年後の大学受験はどうなる？

　今年、中学受験を予定している人は、大学受験は今から６年後ということになります。それ以降に大学受験を迎えるお子さんをお持ちの方もいるでしょうから、６年後以降の大学受験について少し考えてみましょう。

　大学入学共通テストはさらに進化する予定です。現在のところ、英語民間試験の共通テスト利用（英検などの結果を大学入学共通テスト英語の結果として利用する）に有識者会議は否定的ですが、高大接続改革は進んでいて、高校の授業内容は変わってきています。大なり小なりの変化は今後も起きるでしょう。ただ、現在の、国語力、読解力、思考力、情報処理力を試す独特な問題は続きます。しかし、平均点は変わらないはずです。作る側が、平均点は変わらないように作ろうとしていますから、先に述べたように、長い目で見れば、内容は難化しても、平均点は変わらないというマジックが起きます。

　つまり、読解力、思考力があり、このような問題が得意な人にはますます有利になり、そうでない人は努力してもなかなか点がとれない、という傾向が拡大すると予想され、できるできない、有利になる人、不利になる人が分かれてしまう二極化が予想されます。したがって、これが、朗報か、悲報なのかは人によるということになります。ただ、偏差値（一般的な大学志望者全体を母

集団とする）40から60までのボリュームゾーンの人たちにとっては、どちらかというと「悲報」と感じる人が多くなってしまう状況かもしれません。

朗報もあります。総合型選抜、学校推薦型選抜は、これからもますます拡大するでしょう。そうしないと、各大学で学生数が確保できません。年内入試で入学した生徒の学力は低いという大学内格差の問題が大きくなるかもしれませんが、足元の経営問題のほうが大学にとっては間違いなく大事です。

しかも、これは、大学法人となった国公立大学にも言えます。学生数に比例する研究費の確保は至上命題です。国公立大学でも、地方を中心に学生不足が深刻になるため、熱意のある生徒を青田買いでき、大学内の多様性を確保できる推薦のような入試は広がりを見せ続けるでしょう。また、大学入学共通テストの教科選択もさらに多様化、負担軽減化の方向に動くはずです。早めに進路を決定させたい子どもたちや親側の意向に沿って、大学入学共通テストを年内に前倒しし、教科数や負担を減らすべきだとの議論は前からあります。

一方で少子化は、次の10年でさらに加速します。6年後に大学受験を迎える現在の12歳人口は、約105万人ですが、そこから5年後、現在7歳の子どもたちの人口は100万人を割り込んでいます。そして、さらにその5年後、現在2歳の子どもたちは約83万人（少ない！）しかいません。さすがに16年先の大学受験は予想がつきませんが、今の「大学受験がゆるくなってい

る」という傾向が、今現在、中学受験を検討している子どもたち
の世代で大きく変わることはないでしょう。

　大学進学率が急激に上がった1980年代頃から使われてきた、
高校生たち、浪人生たちの「大学受験戦争」という言葉は、もう
今の時代に、合わないのではないでしょうか。少子化がさらに進
むこれからは、大学側の「学生獲得戦争」の時代に入ったという
べきなのかもしれません。

　ここまで、この章では、近年起こっている大学受験の変化を見
てきました。このような状況を考えると、今の大学進学を前提と
した中学受験の過熱が、何かバブルに近いような、親たちの「狂
気」がどこか方向性が違うような、小学生の子どもたちにとって
ためになる時間やお金の投資先が学習塾とは別のところにあるよ
うな、そんな気がしてしまいます。

　次章では、いよいよ、「中学受験をしない」という選択である、
地元の一般中学に進学した場合の、デメリットとメリットを考え
てみたいと思います。

第 六 章

「地元公立中学への 進学」という選択

一般公立中学の闇

　近年、最も中学受験が過熱している首都圏、都市圏では当たり前のように、私が塾を運営している地方でも、中学受験を積極的に考える人というよりは、「地元の一般公立中学校への進学を渋る」人が増えてきているように感じます。

　中学受験を小学低学年から前提に考えている方でも、地元の公立中学校だけは行きたくないと思われている方も多いのではないでしょうか。一体、その原因は何なのか？　この部分が公立中学の「闇」とも言える部分で、公立中学のデメリットと言えますので、そのように思われてしまう理由を三つ挙げてみたいと思います。

　一つ目は、高校受験で重要な部分を占める内申点が、学校や担当の先生により大きく違ってしまうという点です。中学受験をする一貫校では、私立を中心に授業内容や学校の先生の質が高く、内申点も受験がないのでそこまで気にしなくていい、一般公立中学は、学校の先生の質（部活などあり過労働）、学校の体質に問題があり、内申点をとるために、子どもたちに余計なストレスがかかると思われているために避けられてしまいます。

　二つ目は、学力レベルが非常に低い、不マジメで成績が悪い子が多いため、成績の良い子どもたちがかわいそう、場合によっては、学力低下で学級崩壊が起こっていると思われている点です。また、ヤンチャ（昔で言うヤンキー）な子が多く、まじめでおと

なしい我が子はやっていけないんじゃないかというイメージがあります。そのため、学校のイメージやクラスの雰囲気の良い、中学受験のある私立が良いと考える親が多いのです。

そして、三つ目が中高一貫校に比べて大学受験に圧倒的に不利であると思われている点です。または、高校受験に意味を見出せない、高校受験を避けたい、高校受験は大学受験に不利に働いてしまう、高校受験がないほうが子どもたちにとって「お得」であるというイメージを持ってしまい公立中学へ行きたくないと思っている場合です。

これらの三つの理由は、果たして、親の本当に正しい理解なのでしょうか。私が20年見てきた実際の現場では、これらには事実の面もあり、事実ではない面もあります。ぜひ、その両面を、読者の方には知っていただきたいので、詳しく説明したいと思います。

公立中学の先生 vs 私立中学の先生と内申点

　まずは最初に、学校の先生の質についてです。私の塾は地方にありますが、幸い立地条件が良く、一般公立中学（複数校）の生徒、私立の中高一貫（上位校、下位校）の生徒、公立の中高一貫（上位校、下位校）の生徒、教育大附属中学（国立）の生徒など、毎年、さまざまな学校の生徒から先生たちの話、授業の話を聞くことができます。それを 20 年間も聞いていると、本当にさまざまな先生たちがこの地方にもいることがよくわかります。

　これらの生徒たちの意見を総合すると、先生の「質」という点は、正直言うと、あまりどこも「変わらない」というのが私の意見です。公立でも私立でも、ほとんどの先生はとても熱心で、生徒思いで、時間外労働も苦にせず、本当にみなさんよくやっていただいているなと尊敬いたします。塾講師も体力的、精神的にきつい職業ではありますが、私は、学校の先生はそれ以上だと思っています。やはり、日本の教育、先生の質は、全国どこに行ってもかなり高いのではないでしょうか。私立と公立についても、個性の差はあるけれど、技術や熱意に大きな差はないと思います。

　しかし、出会った方もいるでしょう。納得できない内申を点けられたり、生徒たち親たちの意向を無視したり聞いてくれなかったり失礼だったり、どう考えても授業が下手でわかりにくかったり、「外れ」としかいいようのない先生に当たって苦労した話は

時々聞きます。

これによって高校受験が左右されるとたまったものではありません。残念ながら、そういったケースに出会うこともなくはないです。しかし、世間一般にイメージされているより、明らかに不公平に、理不尽な対応で内申点や定期試験のテストが悪くなることは、たいへんまれです。そして、授業が下手な人も、どこにでもいます。そのせいでテストの点数が悪いというのも、言いがかりのようなものです。私立にだって授業の下手な、どうしても好きになれない先生はたくさんいます。先生、恩師との出会いについては、公立だから私立だからという分け方は適さないと思います。

また、高校受験において、学校間で内申点のとりやすさに差があり不公平だという意見もありますが、これは、スポーツで言うフィギュアスケートなどの点数採点競技と同じで、どうしても完璧で平等な採点をすることは難しい（現に審判によって点数に差がある）側面があるので、そこに不満を言いたくなる人は、残念ながら一定数出てくると思います。

しかし、確かにそのような事実はあるのかもしれませんが、ごくわずかなそのような人の意見や体験が、ネットを中心に取り上げられやすいので、イメージ先行で、内申点は「悪者」扱いされている面が大いにあります。高校受験をする上では、学習態度、生活態度が評価されるのは仕方ないことではないでしょうか。また、この内申点評価が、子どもたちを救っている場合、これによっ

て努力が報われている場合も多々あるのです。

　私が言うのも変ですが、塾業界を中心に、特に東京では高校受験に対する制度の不満を言う人は多いように感じます。「だから中学受験を頑張れ！」みたいな論調があります。少し前には、前出の林修先生が、東京の女子小学生は中学受験で私立に進学しないと高校受験で不利になる、と言ったとか言わないとかで、賛否の声であふれていました。男子枠女子枠なるものがあり、不公平だ！　という方が多くいるようです。これも、欠点ばかりに着目して利点に目を向けてない、偏った意見の人が多いように思います。

　私の塾で働いている塾講師のうち、東京出身、公立畑で現役合格した国立大学医学部女子学生は、制度に対して不満は特に感じなかったと言っています。そのような人も多いはずなのに、意見は表に出てきません。もちろん、制度の欠点は是正していかなければなりませんが、欠点を大袈裟に、中学受験産業の格好の宣伝材料にされている向きもあるのではないでしょうか。

　全国に目を向けると、各都道府県で高校入試の制度はメチャクチャ違います。しかも、学区内だの学区外だの住む地域によって、微妙に制度や条件が違い、合格ラインまで変わります。そのため進学できる高校に差が出てくるわけですから、そんなことを言い出したら、それぞれの都道府県で不公平だらけです。

　逆に、そのように「不公平」だと言う不満を叫ぶ人がいて、子どもたちからだけでなく世間からのバッシングがあるため、それ

を避けようと、学校の先生や、各都道府県の教育委員会は、さまざまな工夫（補正をしていることころもある）や苦心の末、できるだけ平等に評価するよう常に気を配っています。

そう考えると、内申が悪くて行きたい高校へ行けいない、という不満も、結局言いがかりにすぎないように思います。先ほども申し上げたように、理不尽な内申点の影響や、進学担当の先生の身勝手な判断や指導が原因で、高校の進学先が大きく変わってしまうようなことはまず起こらないと考えていいと思います。希望通りの進学先に行けないとしたら、それは本人が原因であることは言うまでもありません。そして、学校側としては、それが本人にとってベストだと合理的に判断した結果でしょう。

少し厳しい言い方になってしまったかもしれませんが、公立中学の先生の数は多いので、中にはハズレの先生もいる、これは紛れもない事実ではあります。確率的には低いのだけれども、相性の合わない、これはないよねっていう先生に当たってしまう可能性を考えると、中学受験を選びたくなる気持ちもわからないではないです。

ただ、一つ言えることは、受験というものは大学受験、高校受験、中学受験も含めて平等ではありません。中学受験など、冷静に見れば、学校で習わないことが出題されるわけですから、不平等や理不尽の最先端というふうにも言えます。結局は、受験は決められたルールのもと、自分の「実力」で道を切り開いていくしかありません。そして、どちらに進んでも、運も大きく結果を左

右することも覚悟しておきましょう。先生などは、小さな一つの要素に過ぎず、周りの環境よりも自分次第。人生も同じですよね。運が悪かった人も、長い目で見れば、将来その分を取り返す運がやってきて帳尻が合うようになっている、と信じたいところです。

　少し話がそれてしまいましたが、高校受験の内申点については、「恐るるに足らず」ということです。先生や学校を信頼して大丈夫です、きちんと採点してくれます。後に高校受験のメリットについても紹介しますので、そちらと合わせて高校受験を避けるか避けないかの判断をしてもらえたらと思います。

一般公立中学での最大最強のメリットとは

先ほど、地元の一般公立中学への進学を渋る人が増えている理由の二つ目として、学校に成績が悪い不マジメな子どもが多く、学力低下で学級崩壊が起こっているイメージがあるためだということを言いましたが、みなさんの地域ではどうでしょうか？

私の地域に限っていうと、ヤンキーは減った印象が強く、私たち親世代に時々見た「ケンカや暴力沙汰」での学級崩壊などは起こっていません。だから、「荒れている」と言った印象は今の学校にありません。これは、ごく一部の地域を除いて全国的に同じ傾向だと思います。

ただ、中学受験の過熱により、優秀な子が中高一貫校に進学する例が全国的に増えているため、現在の公立中学の平均学力は、確実に私たち親世代の中学時より下がっています。それは、事実だと思います。また、それに少子化なども重なって、ADHD（注意欠陥・多動性障害）を中心とした授業を集中して受けることが苦手な子どもたちや、学習障害グレーゾーンの子どもたちが、相対的にクラスの中に増え、目立ってしまっている事実もあり、勉強ができる子が、うるさくて集中しにくいなどと不満が出るクラスが増えていることも否定できないでしょう。

公立中学出身の親には経験がある方も多いと思いますが、昔は学校側も体罰を黙認していた部分があり、どこの学校でも平手打

ち指導を平気でする、女の子に対してでもお尻を叩きそうな、強面の体育の先生がいて、厳しく生活指導をしていた印象があります。私も、合宿時に女子の部屋に忍び込んだのを見つかり、ただ話をしていただけなのですが、平手打ち指導を受けた記憶があります（笑）。そのような先生の厳しい指導は、最近ではめっきり聞かなくなりました。

　もちろん、体罰を容認しているわけではありません。ただ、昔は、そのような先生たちが、学校やクラスをまとめていたのですが、現在は、ご存じの通りコンプライアンスの問題もあり、そのような厳しい指導をする先生自体が減ってきたように思います。そのため、クラスにおさえがきかず、授業中に平気で私語をしたり、授業中に紙をまるめてキャッチボールを始めたり、授業中に突然断りもなくウロウロする子がいたりなど、学級崩壊と言われてもおかしくないようなことがときたまあると話に聞きます。

　当然、中学受験で生徒を集めるような学校では、そういう話はまず聞きません。それはそうです。受験勉強をしっかりしてきた、勉強が得意な子たちばかりのクラスですから、勉強しない子はいるにしても、授業の迷惑になるようなことをする生徒はいない環境です。

　これを聞くと、やっぱり中学受験かなぁと思われてしまいそうですが、もう少し聞いてください。確かに、この部分だけを聞くと、行きたくないという気持ちになるのもわかります。

　ただ、一般公立中学の状況は、ほとんどの場合、学級崩壊とい

うほどの大袈裟な惨事ではありません。ウロウロする子も、中3の頃には、年齢に応じて成長し勉強に集中できるようになります。また、先に言ったように、学校の先生の質は変わりません、とても熱心で、親身になって良い授業をしてくれています。体罰はしない代わりに、授業をまとめるための工夫は、日々、もちろんしています。

　また、学力上位10％から20％が抜けたと言っても、全員ではありません。さまざまな理由で、中学受験をしない、優秀な子どもたちは、どの中学校にも必ずいます。そして、その子たちも、きちんと学校で勉強をすることができ、学力を順調につけています。一般中学の全体的な平均学力低下は事実ですが、どこまで中学受験が過熱しても、地元の無償で通える一般公立中学に、高い学力の子どもたちを高校に送り出す能力がなくなる、ということはありえません。

　そして、この一見、親としては心配になってしまう一般中学の全体的な学力低下が、実は、最大最強とも言っていい、公立中学の「メリット」につながるのです。

　どういうことなのか？

　私の塾の大学生アルバイト講師に、都市部の公立小学校から中学受験せずに地元の公立中学、高校受験で学区外の難関私立校（中学部も併設）に高校部から進学して、国立大学医学科に現役合格

を果たした女性がいます。この講師が進んだ地元の公立中学は、地域的に低収入な人が多く、今では珍しいヤンキーもいるような荒れた学校だったらしく、彼女はあまりいい思い出のない自慢できない学校だったと言います。しかし、「それでもそこに行って良かったと思うことはないの？」としつこく聞く私に、彼女は言ってくれました。

「そういえば、授業でイスに座ってたら『5』をとれたという感覚でした。特に家で勉強を頑張っていたわけではなく、普通に授業を受けていただけなのに、ほぼ満点くらいの内申点がとれました。正直、そのおかげで難関私立の高校に行けたと思います。部活も吹奏楽やってましたけど、部活は本当に楽しかった。いい思い出です。」

　これは、彼女が、私の頭は良かったという自慢話をしているわけではありません。そんな荒れた学校がある地域では、それこそ、地域の優秀な子のほとんどは中学受験をして一貫校に進学したそうです。その中で、彼女の家庭は中学受験をする経済的余裕がなかったので地元の公立中学に進学をしたわけですが、そこでは、普通にやっていれば、クラスで1番か2番、150人以上いる学校で学年では常にトップ5から出ることはなかったそうです。評定も普通にやって、「5」以外とることはなかったと言います。そして、部活の吹奏楽は中3の秋まで厳しい練習があるため、夏の高校受験勉強は十分できなかったけれど、優秀な高校に進学できたのは、苦労なく取れた高得点の内申点があったおか

げだと言うのです。

そうなんです。一般公立中学では、地頭が良い子は、そこまで頑張らなくてもトップの成績がとれますし、地頭がそんなに良くない子でも、勉強に普通に頑張れば、学校のトップ近くを維持することができます。そんな子たちの内申が悪くなるはずもありません。つまり、子どもたちそれぞれの努力が、結果に反映されやすいのです。これは、学力下位の人たちにも言えることです。第二章で述べた、「相対的剥奪」を避け、「小さな池の大魚効果」を最大限発揮することができるのです。

このことは、子どもたちにとって、とてつもなく大切なことで、中高一貫校では失いがちな、「自己肯定感」を育てやすいという大きなメリットがあります。「やればできる」という達成感を得ることは、この年齢の子どもたちにとってかけがえのない経験で、その後の人生、大学受験や就職試験に大きなプラスになるはずです。

「自己肯定感」が育ちやすい。そして、そのことで一本芯の通った強い高校生になることができる。これが、中高一貫校にはない、一般公立中学の最大のメリットではないでしょうか。

高校受験がないことが、「大学受験」に
向けて不利になる？

　それでは、中学受験を選択する親たちが、地元の公立中学に進学したくない理由として 最もよく挙げられる

「一貫校は高校受験がないことによって大学受験が有利になる」

　この部分についても、果たして本当にそうなのか？　現場の意見をお伝えしたいと思います。

　確かに理論上、一貫校は、先取り教育がやりやすいわけですから、大学受験に有利であることに間違いはないでしょう。ただしです。先に何回も述べたように、その先取り教育に余裕を持ってついていける子どもたちは、そのメリットを最大限享受して、大学受験に有利になります。ただ、ついていけていない子どもたち、もしくはついていくことだけで精いっぱいの子どもたちにとっては、逆に先取り学習が「不利になる」という現実があります。自己肯定感が育たず、精神的に不利に追い込まれていくのです。

　なぜ、不利になるのか？　精神的に追い込まれていくのか？

　それは、高校受験がないからです。

　高校受験がない一貫校内で、成績上位が頑張っても思うようにとれず、中学時代にうまく学校の授業内容についていけなかった

子たちは、そのまま高校生になってしまい、その流れで大学受験勉強に取り組むことになります。そして、量が多く、自分自身を見つめる時間的余裕がない一貫校の勉強に、受動的にしか取り組めず、そのため、勉強に嫌悪感を抱き、主体的な考えや勉強習慣を持てないまま、成り行きで大学受験を受けてしまうのです。

　高校受験がない一貫校には、そのような子たちが本当に多くいます。第二章で述べた先取り教育の「副作用」に悩む人たちです。そのような子たちは、自分の持っている可能性や、学業の面白さ、大切さに自分で気付けないまま大学受験に臨んでしまいます。

　しかし、高校受験がある場合は違います。自分が将来、どのような進路を取るべきかを一旦自分で考え、そのためにはどうすれば良いか、どうしなければならないかを考える時間が、高校受験前に強制的に与えられるのです。この差は大きいと思います。中学１，２年のときに上手く勉強に集中できなかった子が、中３になり高校受験に近づき、がらりとその態度が変わることはよくあります。そして、自分から勉強に取り組むようになり、受験を乗り越え、進学した自分に合った高校で、さらに能力を伸ばしていくケースは本当にたくさんあります。一貫校ではこういった、自分を変えることができる大きなきっかけが少ないのです。

　高校受験では、年齢的にも適切な時期に、自分に合った学校や学科選択を主体的に行うことができ、大学受験の予行演習をしてくれる。そういうメリットがあります。したがって、高校受験経験者は、受験がない一貫校の子どもたちよりも、精神的にタフに

育ちます。

　高校受験経験者と、中学受験からの一貫校出身者、模試の結果が同じような力の子どもたちが受験に臨んだ場合、果たしてどちらが本番で結果を出しやすいのか？

　まあ、そんなことは、運が大きく左右することなのでわかりませんが、どのような結果が出てどのような大学を選択したとしても、その後の人生、親として安心して大学生活、そして社会人へ送り出せるのは、精神的にタフな高校受験経験者かもしれませんね。私の長年の塾講師生活の中で、塾生の大学卒業からその後までの子どもたちを見たとき、その差を感じることがときどきあることは事実です。

先取り学習が、必ずしも「有利」と言えない理由

そして、もう一つ誤解が多いのは、先取り教育が本当に大学受験に有利なのか？ という点です。

今の日本の教育制度では、ほぼ例外なく全員が18歳高校3年生の冬に大学受験を受けます。一部の大学で飛び級制度があるそうですが、その利用を考えている人は日本ではごくわずかです。大学受験を受ける時期は一貫校であろうがなかろうが変わらないわけです。

この時期が変わらない限り、高校受験を経験して高校へ入っても、一貫校の勉強に追いつくことは時間的に問題ありません。3年間で大学受験勉強をすれば、充分に知識的にも、演習量的にも、一貫校の先取り学習に追いつくことは可能なのです。それを証拠に、これだけ中学受験が過熱し、一貫校へ進学する人が増えたとしても、従来通り高校受験を経て、公立高校へ進学し、現役東大合格者を多数出している高校は今も健在です。みなさんがお住まいの地域のトップ公立高校ならば、少子化や一貫校に生徒をとられるなどで多少実績は減らしていても、難関大学合格者を出していないということはないはずです。

つまり、先取り学習は、文字通り先に勉強するだけで、それが必ずしも有利とは言えず、いつ勉強に集中しているか、スパート

はどうかけるのかが違うだけで、勉強の総量や質はどちらに進学しようが変わらないと言えます。一貫校に進学しても、長距離マラソンと同じで、後に巻き返され、結局は追いつかれ追い抜かれることも多いのです。

　そんなことを言っても、復習や演習時間、受験準備期間などを考えると、高校受験を経ることは大学受験に対して不利になる。結局、一貫校が良いのでは？　という意見はあると思います。確かに、その受験準備期間確保のために生まれた一貫校ですから、先に述べたように、現役で難関大学（旧帝大以上）、特に理系に進学を目指す場合、またはその才能の片鱗を小学生のときから見せている場合は、一貫校が有利だという言う意見に私も大きな相違はありません。しかし、有利というだけで、公立高校がそこまで大きく不利とか、難関大への進学が一貫校に比べて極端に難しくなるというわけではありません。高校3年間で十分に埋まる差です。ましてや、これらの難関大以外の大学へ進学する場合、この先取り学習に大したメリットはないと言っても過言ではありません。

「まだ」知られていない高校受験の大きなメリット

　ここで、

「まあ、旧帝大に行けとまでは思ってない。だけど、有名大学やそこそこの国立大学にはなんとしても行かせたい。」

　そう思う親たちへ、「まだ」あまり知られていない高校受験のもう一つのとっておきのメリットを、ここだけのマル秘話として、小声でお話しいたします。

　それは、第五章で、少子化が想像以上に大学受験に影響を与えていると述べたように、少子化が、高校受験にも大きく影響していることです。しかも、高校受験の場合、全国的に中学受験が過熱しており、優秀な層が一定数いなくなるのが高校受験ですから、ダブルパンチで各高校のボーダーラインが下がっているのです。

「えっ！ 高校のボーダーが下がることで、大学受験にそんな影響があるの？」

「はい、あります。」（小声で）

　各普通科高校は、昔からの流れでたくさんの指定校推薦枠を持っています。有名大学の指定校推薦もたくさんあります。その枠に、各学校内でたいへん入りやすくなっているのです。大学側

は経営戦略上、入学者数は確保しなければならない、学生の多様性も確保したい、だから、少々各高校の実質ボーダーラインが下がっても（見た目上はあまり変わらないので）、指定校推薦や他の推薦試験の枠が減ることは通常ありません。試験での競争がある公募推薦にしても、校内での評定が基準になりますので、学校内学力が全体的に下がると高い評定をとりやすくなりますよね。

　現実に、今までにはなかったような学力の子が、指定校推薦で有名大学へ行ったり、公募推薦試験に受かったりということが現場では起きています。中には、有名大学の指定校推薦枠に希望者がおらず、今後の枠消滅を危惧した学校の先生がわざわざ生徒に声をかけてきた！　なんてことが起きています。本当に、そのようなケースが増えているんです。信じられないことに、国公立大学の推薦でも、私立大学ほどではないけれども、同じ傾向があるのです。

　つまり、親が大学名にこだわって進学を目指す場合、お子さんの特性にもよりますが、地元の一般公立中学へ進学し、高校受験をして大学受験をするほうが、結果的に一貫校を選択するより近道で可能性が高いという見方が成り立ちます。中学受験に多額の費用をかける必要もないし、家族で無駄なストレスを受けるリスクも少ない、もちろん、いざ、一般入試で勝負することも十分可能です。小学生のとき、勉強が苦手や嫌いな気持ちを見せている子、中学受験に不向きだとされる地頭が良くないと見える子にとっては、特にその利点が大きいかもしれませんね。

上位一貫校と下位一貫校、一般公立中学のリアルな学力差

　20年前、私が塾の経営を始めた頃から「ゆとり教育」が始まりました。円周率は3.14でなく、3で良いとしたことが有名になりましたが、確かに、子どもたちは学習しやすくなり、幅広い学力層を見ていた私の塾では、とても指導しやすく感じた記憶があります。物足りない部分はありましたが、どちらかというと、その方針は好きでした。しかし、この「ゆとり教育」が原因で学力低下が起こったとの世間の批判が噴出、それが影響し、この方針は10年持たずして2011年を最後に文科省は方針転換します。そして、この前にあった2021年の教科書改訂では、各教科で大幅に中学生の学習量が増やされることになります。

　今回の改訂の影響は、すさまじく、学力下位の層を中心に、現場は混乱に近い状況が生まれています。特に英語は、改訂の前と後の差が激しく、多くの子どもたちを苦しめています。小学生の英語必修化（2020年）に伴い、中学生の英単語、文章レベルが格段に上がってしまったためです。それについていけない層の子どもたちの点数はひどく、そういう子たちを中心にどんどん英語嫌いの子が増えています。

　一般公立中学では、英語はもちろんのこと他教科でも、中間・期末などの定期テストで、中1でさえ平均点が50点以下になる

ことも珍しくなく、30点台やそれ以下の点数をとってくる子が大勢います。私の地元の公立中学では、中1の定期テストなのに平均点が30点台！ なんてことが何度もあります。中3の高校受験前、難易度の高い実力テストであれば、昔もあり得る平均点ですが、中1で、しかも範囲が限られる定期テストにおいては、10年以上前ではありえなかった平均点です。

　ただ、このように平均点が悪い教科のテストでも、必ず80点や90点以上をとってくる生徒は複数いますので、今の一般公立中学は、学習量と難易度が上がった影響で、塾に通える子・通えない子、まじめな子・そうでない子、地頭が良い子・そうでない子で、点数が大きく二極化していると言えるでしょう。

　一方、偏差値が60ほど（同世代の学力上位16％以内）の学力上位一貫校の状況はどうでしょうか。定期テストのレベルは、第二章でも述べたように、問題量・難易度ともに一般公立中学よりは、一段も二段もレベルが上です。それでも、定期テストの平均点は、50点を下回ることはほとんどなく、60点後半〜70点後半のテストもあるほどです。これを見ただけでも一貫校と一般公立中学の間には、かなり大きな学力差があることがわかります。

　では、偏差値40〜50がボーダーの（同世代の学力平均くらいでも入れる）学力下位一貫校ではどうでしょう？

　実は、私が知る限り、一般公立中学と点数（平均）はあまり変わらず、ひどいなと感じることがよくあります。

　学力が下位とされる一貫校では、学内格差が大きくなることが

普通です。上位の学校にさまざまな理由で行けなかった、行かなかった優秀な子もいるし、ギリギリで入学した子もいるため、学力差は一般公立中学と同様にすごく大きいことがよくあります。それでも、勉強熱心な子、親が塾に通わせるなど教育熱心な子は、一般の中学より多いですから、点数がもう少しとれそうなものですが、そうはなりません。それは、学習ペースが子どもたちのレベルに合わず速かったり、一貫校のプライドからか、上位校ほどではないけれど一般校よりは、テストのレベルがどうしても高くなったり、勉強そのものに適性がない（向いてない）子がいたりするためです。

　いずれにせよ、平均点が50点以下ということは、クラスの半分以上の人たちが、その範囲を理解できていない、または習得できていないということなので、先取り学習は何の意味もない、「時間の無駄」ということになります。このように、学力下位に当たる一貫校では、やりたい先取り教育ができずに、中学の間は、中学内容の復習（英数中心）に軸足を置く学校もあります。

先取りする一貫校生に、一般公立中学生は勝てない？

　他にも、一貫教育だから学力はつきやすい、先取りに意味がある、と言えない事例はたくさんあります。一貫校には、高校部から高校入試を経て編入生を受け入れている学校（併設型）と受け入れない学校（完全型）がありますが、その高校入試がある併設型の学校で、編入生（外部生）のほうが、内部生（中学受験から入学した生徒）の平均学力より上という高校が、たくさんあるのです。

　これは、編入枠の多少や、学校のブランド力など、さまざまな要因に影響される部分ではありますが、中学三年間をその教育レベルが高い一貫校で過ごしたおかげで、勉強に集中でき、大きく学力を伸ばすことができるのであれば、外部生より内部生の平均点のほうが高くて当たり前ですよね。しかし、そうはならず、学習進度に差はあれ、最終的に大学受験前になると、学力は変わらないか、外部生のほうが内部生より上にいる学校が多いのです。

　もちろん、内部生のほうが優秀な学校もあるので、一概に一貫制度が悪いと言っているのではありませんが、一方では、一般中学から高校入試を受験して入ってくる優秀な生徒に、内部生が勝てない現実もあるわけで。「一貫教育に何の意味があるの？」と言われても仕方ありません。これが、多くの方が知らない一貫校

の現実です。

　このようなことを踏まえると、一貫制度そのものが、一般の中学へ行くより学力を身につけさせてくれるとか、大学へ行くための学力をつけるためには一貫校が絶対有利だ、とは言えないはずです。一般の中学から高校受験、大学受験というルートでも、一貫校とは進度の違いがあるだけで、そのルートが原因で学力差が付くわけでもなく、そんなに大きな差は生まれない、と考えて良いのではないでしょうか。

「地元の一般中学へ行くと学力がつかない」という考えをお持ちの方がいるとしたら、それは大きな誤解だとお伝えしたいと思います。

　先取り学習する一貫校生に、一般の中学生は、勝てます。

　それでは、ここまで見てきた、それぞれの中学校のメリットとデメリット、そしてその先にある大学受験の現状を踏まえ、いったい親たちは、どのような選択を中学受験時にすれば、子どもたちの将来にとって「プラス」になるのか？　子どもたちの可能性が最も伸びるのは、どういう選択か？

　最後の章では、それについて考えてみたいと思います。

第七章

中学受験をしない
ことで広がる世界

本当に有益な教育費の使い方とは

　現在、私立の中高一貫校を目指して中学受験をするために、大手中学受験対策塾へ入塾を検討されている方に、一度、考えていただきたいことがあります。

　もし、中学受験をしないで、私立の中高一貫校ではなく、地元の一般中学へ進学という選択をした場合、子どもの学習塾などにかかる教育費用はどれくらい浮いてくるのかを、一度、計算していただきたいのです。

　ざっくりと計算してみましょう。中学受験対策のため、学習塾などにかかる費用は、年間約 100 万円を 3 年間ですから 300 万円ほど。私立中学は、教育無償化政策の対象にはなっていませんから、入学金や授業料、その他費用で一般中学より年間 100 万円ほど余計に必要と考えると、3 年間で同じく 300 万円ほど、合計で、約 600 万円のお金が浮きます。

　このお金を、将来、中学受験を選択せずに、高校受験から大学進学を果たした、高校を卒業したての 18 歳の我が子に、
「将来の自分のためになることなら、どのように使ってもかまわない、このお金を好きに使いなさい。」
と言って、渡したことを想像してみましょう。貯金は禁止です。これから通う大学の費用は、中学受験をしても親が通常出す費用ですから親持ちです。この 600 万円は、大学以外の自分の未来

へのみ、好きに子どもが投資できるとしましょう。みなさんのお子さんは、どのようなことに投資をするでしょうか？

そんなことは想像がつかない方がほとんどだと思いますので、親であるあなた自身が、18歳だった頃、もし、そのような状況に置かれたらどうするかを想像してみてください。

私なら、間違いなく留学を決断したでしょうね。合格している大学を休学するか、もしくは大学卒業後、海外の大学へ挑戦して、グローバルに活躍できる人間になろうとしたと思います。600万円で4年間は難しいと思いますが、2年制のコミュニティーカレッジなら挑戦できます。そこで、本人さえ頑張れば、日本にいる限りは英検やTOEICの大してしゃべれるようにならない英語資格に終始してしまう枠を超えて、本当の意味で使える英語＋専門知識＋現地の人脈を、身につけることができるでしょう。

また、他の人なら、浪人して予備校に通い、もっと上の大学に挑戦し直すという人がいるかもしれません。600万あれば、2浪、3浪してもお釣りがくるので、納得するまで挑戦できます。また、動画機材などをそろえてユーチューバーになる人、オンライン決済システムを持つホームページを作って学生起業する人、勉強して株式投資や不動産投資する人、学習塾や飲食店を開く人、宇宙飛行士になるための勉強まで始める人もいるかもしれません。

さまざまな人がいると思いますが、600万円を渡されて、中学受験にお金をかけてくれたほうがよかった、そうしたらもっと良い大学へ行けたのに、と文句を言う18歳の若者はいないように

私は思うのですが、みなさんはどう思いますでしょうか。

18歳の若者には、無限の可能性が残っています。もっと良い大学へ挑戦し直すにしても、留学するにしても、他の道に進むとしても、すべて自分で主体的に決めることができ、そして、その結果に責任を持つことができる年齢です。

中学受験に投資を決める前に、こういった教育費？（とは言わないかもしれないが）の使い方にも一度思いを巡らせてみてください。どちらの投資価値が高いのか？ 考えてみるのもいいかもしれません。

「良い学校＝良い教育が受けられる」は事実なのか？

いや、やはり、中学受験に投資価値はある。優秀な人物を育てるには、名門の中高一貫校に進学し、名門大学へ進学させることが王道であり、エリートコースだ。良い学校は、学力だけでなく、良い人物を育てるために必要だ。そのための中学受験、そのための教育投資ではないか、と言われる方は多いかもしれません。

現実に、国の官僚をはじめ、大手企業などの最前線で働き、それ相応の地位やステータス、お金がある人の子どもたちは、ことごとく中学受験を選択すると話によく聞きます。やはり、一流（だと思われる）人の家庭は、中学受験は、ほぼ既定路線となっているようにも見えます。学力優秀で、大きな組織のトップに立つような人物を育てるには、やはり中学受験は欠かせないものなのでしょうか。

少し話は変わりますが、先日、YouTube をなんとなく見ていたとき、社会学者の宮台真司さん（東京都立大学教授）とジャーナリストの安藤優子さんとの対談動画（PIVOT 公式チャンネル）を見つけました。その対談で、安藤さんの周りでも、優秀なビジネスマンの子ほど中学受験を受けさせたり、海外の名門校に進学させたりしているという話がありました。

安藤さんは、親にとっての中学受験は、
「安心の方程式」
なのではないかと、言っていました。親は、自分自身が安心する
ために、子どもを名門校に通わせようとする。その子にとって、
その場所が最も良い教育を与えてくれる場所だと感じて、そこに
子どもを入学させると安心する。だから、お受験や中学受験を選
択するのだ。そのように感じるそうです。
　それに対して宮台さんは、
「良い学校が、良い教育の場になるとは限らない」
と言います。逆に、低学力の子や、ADHDなどの学習障害を持
つ子たちもいるような、環境としては混沌とした、実社会の縮図
に近いような学校こそ、教育の場にふさわしい。そこから学ぶこ
とのほうが、多いはずだと言います。
「良い学校（おそらく偏差値が高いの意）＝良い教育の場、と短
絡的に考える親は『頓馬（とんま）』だ。」
と言い切っていました（笑）。
　そこまで極端な意見には賛同しかねますが、中学受験は、
「良い学校（偏差値が高い）＝良い教育が受けられる」
と親が思いがちなのは間違いないでしょう。学力が高い子たちが
集まるわけですから、そう見えて当たり前かもしれません。
　しかし、本書でこれまで見てきたように、教育が良いから学力
が高いわけではなく、もともと地頭が良い、学習センスがある生
徒たちが集まっているから学力が高いだけだ、とも言えます。そ

して、その一貫校に合う生徒と合わない生徒がいることは事実です。どこかいつも元気がなく、一般の中学のほうが、伸び伸び元気に成長したんじゃないかなと、思わされるような子どもたちが、一貫校には一定数います。

　つまり、子どもたち個々にもよりますが、「良い学校（偏差値がより高い）＝より良い教育が受けられる」とは、必ずしも言えないということになります。中学受験を選択する親は、このことを肝に銘じて、安心を優先せずに、学校の指導方針が子どもの適性や性格に本当に合いそうかどうか、慎重に学校を選択したいところですね。

正解のない進路選択

　そんなことを言われても、中学受験をするかしないか、どの学校が子どもに合っているのかいないのか？　判断に迷うし、簡単に決められない。地域によっては、選べる学校も少ないし、理想通りに判断するのは至難の業だ。という家庭はどうすれば良いのでしょうか？　中学受験という選択をせまられるのは、12歳、ティーンエージャー前の子どもたちです。決断は親がしなければなりません。

　そのように、親が進路に迷う場合は、地元の公立中学へ進学することが、一番後悔は少ないと私は思います。それは、前章で述べたように、高校受験があるからです。高校受験があれば、もう一度、自分に合った学校の選択ができます。勉強の進度だって、最も多くの子どもたちに適している進度です。しかも、次回の高校受験は、15歳の成長した子どもの選択ですから、子ども自身が主体的に判断できる、という大きなメリットがあります。

「えーっ！　それでも中学受験がしたい！」という親の方は、中学受験を選べばいいのではないでしょうか。投げやりに言っているわけではありません。結局、進路選択に正解はないと思うからです。正解がないということは、間違いもありません。中学入学後、子どもたちがどのような成長を見せるかは、誰にも正確には予想がつきません。親でも外れることはあるでしょう。

　親は、「狂気」にならず、経済的な無理をせず、できる限り冷静に子どもを分析し、親の希望と子どもの能力や性格とをすり合わせながら、ベストだと思う選択をすればいいのではないでしょうか。

　そして、どこの中学に進学したとしても、そこが一番だと信じて、奢らず安心せず、続けて子どもたちを見守り、必要が生じれば、対策を打っていきましょう。そうすれば、どの中学に進学したとしても、子どもたちは大きく成長していくはずです。

子どもたちの人生に最も大切なものは二つ

　中学入学後、親は子どもたちを、どのように見守っていくことが良いのでしょうか？

　私は、20年間、たくさんの子どもたちを指導して、成長を見守ってきた経験から、子どもたちが、中学、高校時代にもっとも高めてほしい力が、大きく二つあることに気付きました。それは、

　一つが、「セルフエスティーム（self-esteem）」、
　もう一つは、「レジリエンス（resilience）」です。

　わざわざ英語で言わないで！　と怒られてしまいそうですが、前者は、自己肯定感、自尊心、自尊感情、自己評価、自己有用感、自己重要感、後者は、回復力、復元力、耐久力、再起力、弾力などと日本語訳されるため、一語でピッタリくる日本語がないのです。

　簡単に言うと、前者は、「自分自身を信頼し、さまざまな事柄に前向きに取り組む意欲を持つための感覚」（このあとは、わかりやすく自己肯定感とします）のこと、後者は、「困難をしなやかに乗り越え回復する力（精神的回復力）」のことになります。

　この二つの感覚と力さえ育てば、どの学校に行こうが、どのような環境の変化が起きようが、さまざまな人生の課題を乗り越え、

親の期待に沿う社会人に必ず育ってくれるはずです。

　近年の教育学界、心理学界では、アメリカを中心に、この二つに代表される「非認知能力」いわゆる「性格の力」の研究が盛んに行われ、日本でも多くの書籍が発売されています。ベストセラーになった『やり抜く力 GRIT（グリット）』（アンジェラ・ダックワース　2016年ダイヤモンド社）を読まれた方も多いかもしれません。子どもたちの将来、人生の成功においては、勉強で手に入れることができる、いわゆる「認知能力」よりも、この「非認知能力（この本ではグリット）」の力に着目すべきで、それを鍛えることが子どもたちの将来に、大きく良い影響を与えると論じた本です。

　しかし、どうすれば、この非認知能力を鍛えることができるのか？　その最も興味がある部分については、数多くの事例が研究されているものの、現段階の書籍では、明確な指針を示すことはできていないようです。これは、あまりにも環境条件が多様で、複雑、そして、子どもたち個々の遺伝や性質差を考慮に入れないと結論が出ないためで、今後もしばらくは、物理法則のように、一つの式に収めることはおそらく不可能なのでしょう。

　でも、悲観する必要はありません。この知見を知る私たち親は、非認知能力を育てるために、この二つの力（自己肯定感とレジリエンス）の成長をじゃましなければよいのです。

　例えば、受験を進めるためにと、本人が大好きで続けている習い事やクラブ活動をやめさせたり、英検5級くらいは周りのみ

んなが持っているから大したことないと、合格しても褒めてあげなかったり、無理に上位校へ進学させ、常に低空飛行を続ける「深海魚」にしてしまったり、このようなことが、この力の成長を妨げます。

　しかし、これらのことは、少しの工夫で、避けることができます。この力の成長のじゃまをするのではなく、成長の後押しをできるのです。

「えっ！　深海魚になっても？」

「深海魚になってしまうと、自己肯定感がズタボロになりそうだけど？」

　確かに、親が、本人なりに頑張っても成績が伸びず、一貫校で深海魚になってしまった子どもに、

「勉強をきちんとしなさい！　もっと頑張りなさい！」

と言い続ければ、自己肯定感はズタボロになり、レジリエンスは育たないでしょう。

　そのように怒ったり追い詰めたりするのではなく、全教科のうち１教科だけ˙ま˙し˙な教科を見つけます。そして、この教科だけでいいから平均点を目指そう、あとは好きにしていい、ちょっとだけ得意な教科で平均点をとれればいい。そうすれば、その教科は、他の一般中学の生徒と比べると、必ず上に行ける。そして、大学受験は一教科で勝負できる大学がいっぱいあるから大丈夫、と励ましてやるのです。

　また、外部に救いを求めることもできます。英検のような外部

資格は、一般的な同年代の子たちとの差を認識することに役立つ
ので、学校内の順位が上がらなくても、あせらず、受け続けるこ
とで、合格すれば、自分の努力を自分でほめることができます。
他の同年代の子たちより少しでも早めに取得できれば、大袈裟に
心から親は喜んであげてください。一見、冷静に見える子でも内
心は大喜びし、子どもたちは自信をつけます。

　他の小さな頃から続けている習い事や学校の部活動も、本人が
本音でやめたいと言わない限り続けることをお勧めします。受験
のせいでやめてしまった人は、進学後に復活しても良いと思いま
す。表彰台に上る必要はありません。その習い事に関しては、本
人の好きなことでもあり、技術はやらない人より圧倒的に上にい
るわけですから、やり続けることで、必ず「非認知能力」の成長
にプラスになることでしょう。

　このような、小さな少しのきっかけや継続で、子どもたちの心
は健康に育ち、また、学校生活にも前向きに取り組むことができ
るのです。

「中学受験をしない」という親の戦略

　この生きていく上で大切な力、自己肯定感とレジリエンス、この二つを育てることを、親が優先しようと考えたとき、地元の一般中学への進学は、積極的な選択肢になって然るべきでしょう。第六章で詳しく述べた、一般中学や高校受験のメリットを考慮すると、誰でもが進学できる地元の一般的な公立中学は、非認知能力を鍛えることに、一貫校より適していると言い切ることができます。

　しかし、お住まいの地域により大きく差はあると思いますが（これもまた問題なのですが）、昨今の中学受験ブーム過熱の中で、相対的にこの一般公立中学の評価が下がってしまっていることもまた事実で、親たちからのイメージは、正直、「悪い」ことが多いです。この中で、一般中学進学を選択することは、とても勇気が要ることかもしれませんね。

　特に、中学受験に迷いながらでも、子どものためにと小学低学年から学習塾へ通わせ、受験準備を早くから進めてきた家庭には、「コンコルド効果（サンクコスト効果）」が働いてしまいます。この心理的バイアス（偏り）は、ここまで多額の投資をしてきたのだから、今受験をやめてしまってはそのお金や時間が無駄になってしまう、さらに塾に投資して「成績を上げて」受験をなんとか成功させよう、としてしまう親心理のことを言います。この効果

のため、さらに、誰でも行ける一般中学へは行かせたくなくなり、子どもにも周りにも、そこだけはダメだと言ってしまうのです。残念ながら、一般中学のほうが明らかに適している、志望校に向けて成績が上がらない子の親ほど、この効果をま・と・も・に・受けてしまう傾向にあり、「狂気」じみてしまったり、子どもたちを精神的に傷つけてしまったりしてしまいます。

　もちろん、第三章で詳述したような、自分の子どもにある程度、勉強の素質やセンスがある場合、そして、将来の一般入試での大学受験を軸に考えたとき、中学受験、その後の一貫校という選択は、悪い選択ではありません。

　しかし、ここで、ご批判覚悟で敢えて言わせていただくと、現状、その選択が成功と言える子どもたちは、一貫校へ進学する人全体の半分以下、都市部の超がつく難関校は例外として（ほぼ全員天才なので）、多くの一貫校で、その授業が本当に役に立っている人たちは、各学校内の 20 〜 30％くらいではないかと私は感じております。

　これ以上言うと、中学受験業界に社会的に抹殺されそうなので止めておきますが（笑）。このことを考えると、今現在、中学受験に迷いがある方、経済的に苦しいけれど少し背伸びして受験させようとしている方、子どもが受験に前向きでない方、第一志望には届きそうもなく、第二志望以下の中学にあまり魅力を感じない方、このような方々は、「中学受験をしない」という戦略を、もう一度再評価してみて、高校受験の良さを再認識するべきだと

思うのです。そして、再評価した結果、コンコルド効果に負けず、勇気を持って受験から撤退することは、良い選択だと言えるのではないでしょうか。無理に中学受験を進めても、それほどの価値がそこにあるとは思えません。

　そしてまた、それは、決して消極的な選択ではありません。先程の、中学受験をしないことで浮く費用、600万円の話を思い出してください。「中学受験をしない」ことは、逃げでも節約でも妥協でもありません。子どものため、投資先とその時期、そして大学進学への戦略が少し変わるだけです。

　ここまで、すべてをお読みくださったみなさんには、次の本書で最後にお伝えする言葉の真意が、ご理解いただけるのではないでしょうか。

「中学受験をしない」という親の戦略は、子どもたちの「可能性を広げる」ための戦略です。

━━━━━━━━━━━━━ さいごに ━━━━━━━━━━━━━

　私は、YouTube のさまざまな動画を見る中で、「シンギュラリ
ティー（技術的特異点）」と「メリトクラシー（能力主義）」とい
う言葉を知りました。この言葉は、子育てに奮闘する親の方々に
も知っておいてもらいたい、今後の社会のキーワードになる言葉
です。

「シンギュラリティー（技術的特異点）」とは、AI（人工知能）
技術が人間の知性を上回る転換点のことです。このシンギュラリ
ティーが訪れた後、現代社会のほとんどの仕事が、AI に奪われ
ると恐れられています。その時期は、今から約 20 年後の 2045
年と科学者に予想されています（2045 年問題）が、それが早ま
る可能性も出てきています。まさしく、今の子どもたちが、社会
に出て独り立ちし、結婚もする頃ですね。

　このシンギュラリティーを迎える頃には、20 年前のスマホな
どなく、パソコンを使う人が少数派だった頃から現在までの劇的
な変化よりも、さらに大きく、衝撃的な変化が、社会に起こるで
しょう。世間を驚かせた ChatGPT（テキスト生成 AI サービス）
は記憶に新しいですが、これはまだまだ序の口です。

　また、「メリトクラシー（能力主義）」とは、身分や性別、人種、
国籍など、その人のルーツで階級が決まるのではなく、その人が
持つ「能力（メリット）」によって、階級分け（地位）が決定さ

〜〜〜〜〜〜〜〜〜〜〜〜〜〜〜〜〜〜〜〜〜〜〜〜〜〜〜〜〜〜〜〜〜

れていく社会の概念を指します。現代日本は、この能力を「学歴」で判断する傾向が強く、それによって階級（地位）が決まりやすいということが言えます（他国でもそうですが）。いわゆる学歴社会ですね。

　中学受験は、この「メリトクラシー（能力主義）」を少しでも優位に勝ち抜こうとする親や子どもたちの仁義なき争いです。高校受験や大学受験もそうと言えますが、中学受験は最も特殊で、「親」がこれに、精神的に経済的に大きく関与し、本人の持って生まれた能力やセンス、地域格差・経済格差の影響も当たり前の、不公平な席取り（学歴獲得）競争を繰り広げています。

　しかし、「シンギュラリティー」に見えるのは、学歴社会（今までの）の終わりです。大学に所属するだけで得られた特権のようなものは、なくなるか、力が小さくなるでしょう。現在でも、大学授業レベルの多くの知識は、無料で、インターネットで学習できますし、多くの技術は大学へ進学しなくても身につけることができます。言葉の壁も翻訳機能によって大きく下がり、世界中のあらゆる研究や実験に、大学に所属しなくても自ら参加することも可能です。それらの変化が、今後20年でさらに大きく進み、大学の在り方そのものが変わらざるを得なくなるでしょう。その変化の一端は、もう始まっています。キャンパスを持たない大学

（授業する場所が変わる）もすでに登場、瞬く間に各国の優秀な人たちが集まる人気大学になっています。日本の大学も、変わらないと生き残ることができません。

このような変化に乗り遅れた大学は、存在意義を低下させ、淘汰されていくでしょう。大学が大規模に生徒を集めて一斉抗議する意味はなくなり、優秀で、やる気のある者ほど、海外に出たり、大学に進学せず、もしくは在学中に起業したりする若者も多くなるかもしれません。

日本の学歴社会は、完全にはなくならないかもしれませんが、一部の本当に能力がある大学しか生き残れないか評価されない、少なくとも、各大学間の偏差値格差の意味するところは、その影響力を減少させていくのではないでしょうか。

まさしく、「メリトクラシー（能力主義）」の「能力（メリット）」の部分が、シンギュラリティーによる技術革新によって大きく変わってくることが容易に想像できます。今までのように、「5教科の勉強ができる能力」が最も評価される時代ではなくなる可能性が大きいのです。より、社会で実践的な能力が評価されるようになると思われます。大学で、「何を学び何を身につけたか」が、大学名よりはるかに大切になるはずです。

そうなると、親としては、これから、子どものどんな能力を伸

ばせばよいのか気になるところですが、ただ、この先具体的にどうなるか、勉強以外のどのような能力が評価されるようになるかは、誰にも予想はできません。

すごく難しい時代⁉ になってきたとも言えるのかもしれません。この中で私たち親は、どのように子育てし、どのような中学を選ぶべきか、選択をせまられています。

まあ、これが、世の中の大局ではあります。でも、ここまでさんざん言っておいて、言いにくいのですが、「親は深く考えすぎなくても大丈夫だ」と、たくさんの子どもたちを見てきた私は思います。子どもは勝手に育つのもまた事実です。あなたが子どものためを思い、熟考して決めた進路は、どの道も間違いではありません。

いろいろ迷われる方は、最後に、ある心理学者の言葉を参考にしてください。

「子どもは同じ親から生まれても一人一人違います。よって、子育てにマニュアルはありません。よくある子育て本の成功例は、子ども自身の遺伝的要因をほぼ無視しているので、真に受けるべきではありません。進化の結果、私たちには子育てを楽しく感じ

～～～～～～～～～～～～～～～～～～～～～～～～～～～

る感受性が備わっています。親は、マニュアルや子育て成功例に
したがって、義務をこなすのではなく、もっと子育てを楽しむべ
きではないでしょうか。」

『子育ての大誤解　重要なのは親じゃない』（ジュディス・リッチ・ハリス　ハ
ヤカワ文庫 NF)

親にとって、大切でかけがえないのない我が子の進路を決める
際に、本書が少しでもお役に立てれば幸いです。

最後に、実績もない下名に、本書出版のきっかけを下さり、お
手伝いいただきましたエール出版社のみなさんをはじめ、関係者
のみなさんのお力添えに、心より感謝申し上げます。

2023 年 12 月

誰も言えない本音を言う塾講師　財部真一

■著者プロフィール■

財部真一（たからべ・しんいち）

1973 年生まれ。
20 年以上にわたり地域密着で個別指導塾を経営する塾講師。
中学・高校・大学受験で延べ 1000 人以上の子供たちを受験指導。
YouTube チャンネル「誰も言えない本音を言う塾講師」で覆面（顔出しなし）ユーチューバーとしても活動中。

塾講師が本音で語る
中学受験はしないという選択

2024 年 1 月 5 日　初版第 1 刷発行

著　者　財　部　真　一
編集人　清水智則　　発行所　エール出版社
〒 101-0052　東京都千代田区神田小川町 2-12
信愛ビル 4 F
e-mail　info@yell-books.com
電　話　03(3291)0306
Ｆ Ａ Ｘ　03(3291)0310